KB269437

대학 일본어

문형으로 배우는 일본어

마경옥·유미선 공저

제이앤씨
Publishing Company

머리말

　　이웃나라 일본은 한국인들에게 단순한 외국이 아닐 것입니다. 두 나라는 정치/외교/경제/역사적인 문제와 연동하여 시기별로 다른 관계를 맺어왔습니다. 그러나 이제 한일 양국 젊은이들의 미래는 상호불신을 없애고 정당한 역사평가와 선린우호로 서로를 인정하는 관계가 되기를 희망합니다. 그 첫걸음으로 우리는 일본어를 체계적으로 배워가면서 일본인과 일본이라는 나라에 다가갔으면 합니다.

　　『문형으로 배우는 일본어』는 '히라가나'와 '가타카나'부터 체계적으로 배우고자 하는 일본어 초급 학습자를 위한 일본어교재입니다. 또한 영상강의를 보면서 학습할 수 있도록 영상 PPT도 함께 실었습니다.

　　이 책의 구성은 다음과 같습니다.
　　1과 2과에서는 히라가나와 가타카나를 정확하게 발음하고 쓰는 훈련을 합니다.
　　3과부터 13과까지는 기초적인 문법과 단어를 이용하여 간단한 문형으로 일본어 구문연습을 합니다. 내용적으로는 기초적인 정중형 문형에서 일본어문법의 9부 능선이라고 할 수 있는 동사활용까지 학습 할 수 있게 했습니다.
　　매 과에서는 기본 문형을 활용하여 실생활에서 자연스럽게 활용할 수 있는 회화문형도 넣었습니다. 회화문형을 익히면서 기본적인 문법과 문형을 함께 익힌다면 일본어가 더욱 친숙해지리라 믿습니다.

　　본 교재의 특징은 매 과마다 학습한 내용을 혼자서 다시 복습할 수 있도록 과제 부분을 마련한 것입니다. 독학으로 과제부분을 활용해도 좋고 교재로 사용할 때는 매번 과제로 제출하여 교수자에게 확인을 받는다면 학습효과는 더욱 향상될 것이라 생각됩니다.

또한 매 과 마지막 부분에는 한자공부 란을 마련했습니다. 한국인이 일본어를 학습할 때 가장 힘든 것이 일본어 한자입니다. 일본어는 하나의 한자를 훈독과 음독으로 각각 읽을 뿐 아니라, 단어에 따라서 읽는 방법도 다양합니다. 본 교재에서는 한 과에 한자 한 글자를 다루어 보면서 한자 익히기를 시도해 보았습니다.

외국어 실력을 향상시키는 학습법은 꾸준히 반복 /훈련하는 것 외에는 없다고 생각합니다. 과제부분을 적극 활용하여 일본어 학습에 많은 도움이 되었으면 합니다.

마지막으로 학습자 모두가 『문형으로 배우는 일본어』를 끝까지 완주하는 기쁨을 함께 누렸으면 합니다.
일본어학습자 여러분의 건투를 빕니다.

저자드림

차례

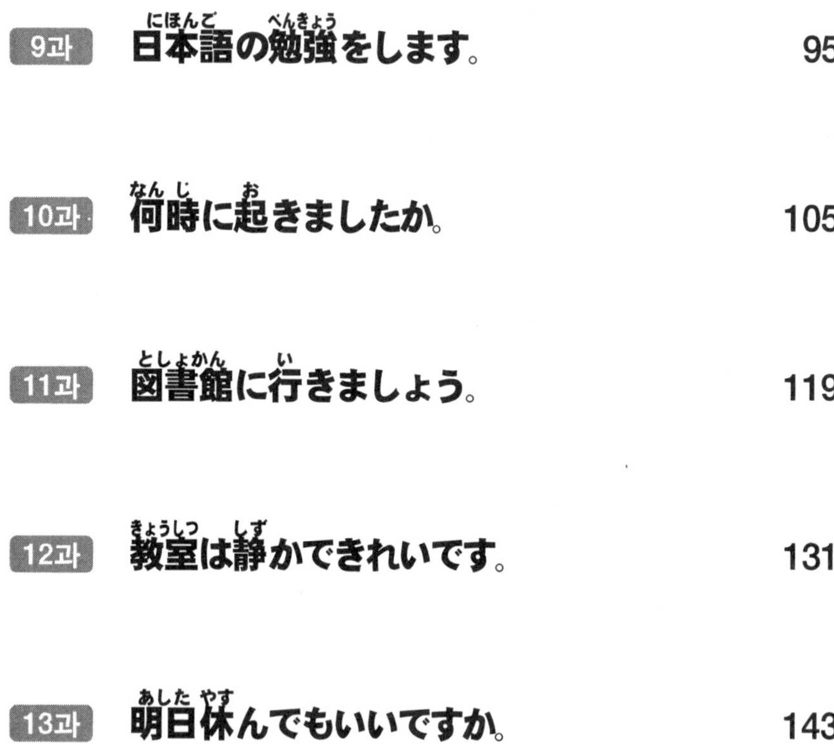

ひらがな カタカナ(1)

ひらがな(히라가나)

あ a	い i	う u	え e	お o
か ka	き ki	く ku	け ke	こ ko
さ sa	し shi	す su	せ se	そ so
た ta	ち chi	つ tsu	て te	と to
な na	に ni	ぬ nu	ね ne	の no
は ha	ひ hi	ふ fu	へ he	ほ ho
ま ma	み mi	む mu	め me	も mo
や ya		ゆ yu		よ yo
ら ra	り ri	る ru	れ re	ろ ro
わ wa				を wo
ん n				

カタカナ (가타카나)

ア	イ	ウ	エ	オ
ア a	イ i	ウ u	エ e	オ o
カ ka	キ ki	ク ku	ケ ke	コ ko
サ sa	シ shi	ス su	セ se	ソ so
タ ta	チ chi	ツ tsu	テ te	ト to
ナ na	ニ ni	ヌ nu	ネ ne	ノ no
ハ ha	ヒ hi	フ fu	ヘ he	ホ ho
マ ma	ミ mi	ム mu	メ me	モ mo
ヤ ya		ユ yu		ヨ yo
ラ ra	リ ri	ル ru	レ re	ロ ro
ワ wa				ヲ wo
ン n				

あ行

あ	い	う	え	お
a	i	u	e	o
あい 사랑	いえ 집	うえ 위	え 그림	おう 왕
ア	イ	ウ	エ	オ
a	i	u	e	o

か行

か	き	く	け	こ
ka	ki	ku	ke	ko
かい 조개	きく 국화	くち 입	け 털	こめ 쌀
カ	キ	ク	ケ	コ
ka	ki	ku	ke	ko

さ行

さ	し	す	せ	そ
sa	shi	su	se	so
さけ 술	しか 사슴	すし 초밥	せき 기침	そら 하늘
サ	シ	ス	セ	ソ
sa	shi	su	se	so

た行

た	ち	つ	て	と
ta	chi	tsu	te	to
たこ 문어	ちか 지하	つり 낚시	て 손	とち 토지
タ	チ	ツ	テ	ト
ta	chi	tsu	te	to

な行

な	に	ぬ	ね	の
na	ni	nu	ne	no
なし 배	にく 고기	ぬの 천	ねつ 열	のり 풀
ナ	ニ	ヌ	ネ	ノ
na	ni	nu	ne	no

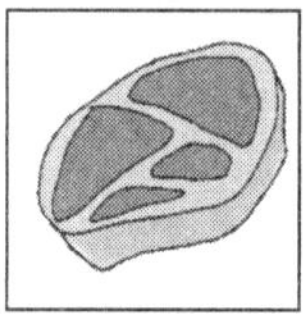

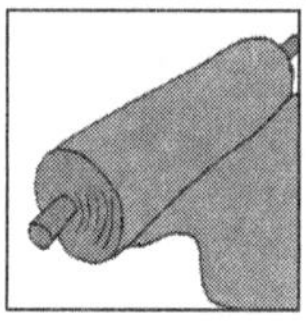

は行

は	ひ	ふ	へ	ほ
ha	hi	hu	he	ho
はな 꽃	ひと 사람	ふね 배	へそ 배꼽	ほし 별
ハ	ヒ	フ	ヘ	ホ
ha	hi	hu	he	ho

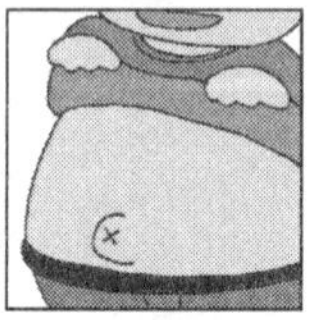

ま行

ま	み	む	め	も
ma	mi	mu	me	mo
まめ 콩	みち 길	むし 벌레	め 눈	もち 떡
マ	ミ	ム	メ	モ
ma	mi	mu	me	mo

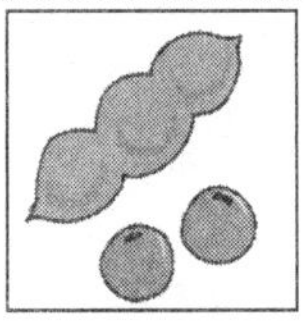

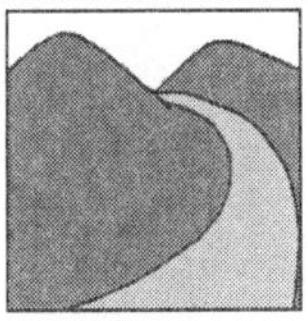

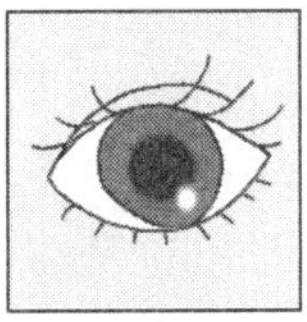

や行

や		ゆ		よ
ya		yu		yo
やま 산		ゆめ 꿈		よる 밤
ヤ		ユ		ヨ
ya		yu		yo

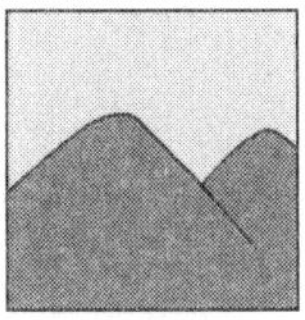

ら行

ら	り	る	れ	ろ
ra	**ri**	**ru**	**re**	**ro**
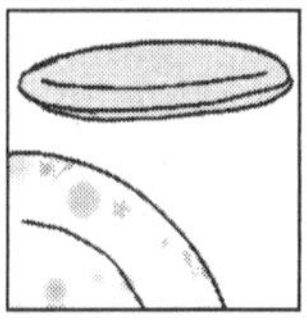 さら 접시	 あり 개미	 つる 학	 はれ 맑음	 いろ 색
ラ	リ	ル	レ	ロ
ra	**ri**	**ru**	**re**	**ro**

わ行

わ				を
wa				**wo**
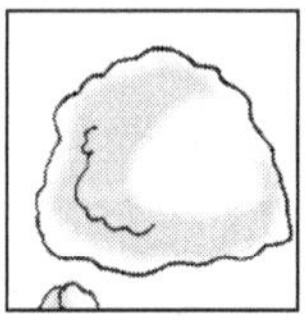 わた 솜				
ワ				ヲ
wa				**wo**

ん行

ん				ン
n				n

ひらがな(히라가나) 쓰기과제

あ	い	う	え	お	か	き	く	け	こ	さ	し	す	せ	そ

た	ち	つ	て	と	な	に	ぬ	ね	の	は	ひ	ふ	へ	ほ

ま	み	む	め	も	や		ゆ		よ	ら	り	る	れ	ろ

わ				を	ん									

ア	イ	ウ	エ	オ	カ	キ	ク	ケ	コ	サ	シ	ス	セ	ソ

タ	チ	ツ	テ	ト	ナ	ニ	ヌ	ネ	ノ	ハ	ヒ	フ	ヘ	ホ

マ	ミ	ム	メ	モ	ヤ		ユ		ヨ	ラ	リ	ル	レ	ロ

ワ				ヲ	ン									

2과

ひらがな カタカナ (2)

　청음의 자음 중에서 か行(ka), さ行(sa), た行(ta), は行(ha)의 오른쪽 상단에 탁음을 붙여서 が行(ga), ざ行(za), だ行(da), ば行(ba)행을 만든다.

が 行	が	ぎ	ぐ	げ	ご
	ga	gi	gu	ge	go
	ガ	ギ	グ	ゲ	ゴ

ざ 行	ざ	じ	ず	ぜ	ぞ
	za	ji	zu	ze	zo
	ザ	ジ	ズ	ゼ	ゾ

だ 行	だ	ぢ	づ	で	ど
	da	ji	zu	de	do
	ダ	ヂ	ヅ	デ	ド

ば 行	ば	び	ぶ	べ	ぼ
	ba	bi	bu	be	bo
	バ	ビ	ブ	ベ	ボ

半濁音(반탁음)

[は行(ha)] 상단에 반탁음을 붙여 [ぱ行]을 만든다.

ぱ行	ぱ	ぴ	ぷ	ぺ	ぽ
	pa	pi	pu	pe	po
	パ	ピ	プ	ペ	ポ

拗音(요음)

요음은 あ行·や行·わ行을 제외한 청음·탁음·반탁음의 イ단 오른쪽 아래에 작은 크기의 ゃ ゅ ょ를 붙이는 것으로 앞의 글자와 함께 한 박자를 이룬다.

きゃ	きゅ	きょ	ぎゃ	ぎゅ	ぎょ
kya	kyu	kyo	gya	gyu	gyo
しゃ	しゅ	しょ	じゃ	じゅ	じょ
sya	syu	syo	ja	ju	jo
ちゃ	ちゅ	ちょ			
cha	chu	cho			

にゃ	にゅ	によ			
nya	**nyu**	**nyo**			
ひゃ	ひゅ	ひょ	びゃ	びゅ	びょ
hya	**hyu**	**hyo**	**bya**	**byu**	**byo**
みゃ	みゅ	みょ	ぴゃ	ぴゅ	ぴょ
mya	**myu**	**myo**	**pya**	**pyu**	**pyo**
りゃ	りゅ	りょ			
rya	**ryu**	**ryo**			

長音（장음）

あ단＋あ　➡　お<u>かあ</u>さん

い단＋い　➡　お<u>にい</u>さん

う단＋う　➡　お<u>とう</u>さん

え단＋え　➡　お<u>ねえ</u>さん

え단＋い　➡　<u>せんせい</u>

お단　＋お　➡　<u>おお</u>さか

お단　＋う　➡　<u>とう</u>きょう

促音(촉음)

촉음은 つ를 작게 표기하여 받침역할을 하며 한 음절의 길이만큼 다음에 올 자음 입 모양으로 발음한다.

(1) 「か行」앞에 올 때 [k]로 발음한다.

例 : がっき(악기)　　　　　　　みっか(삼일)

(2) 「さ行」앞에 올 때 [s]로 발음한다.

例 : ざっし(잡지)　　　　　　　きっさてん(커피숍)

(3) 「た行」앞에 올 때 [t]로 발음한다.

例 : きって(우표)　　　　　　　おっと(남편)

(4) 「ぱ行」앞에 올 때 [p]로 발음한다.

例 : いっぱい(가득)　　　　　　きっぷ(표)

撥音(발음)

(ん)은 다음에 오는 음에 따라 「m, n, ŋ, N」로 발음된다. 촉음처럼 한 박자를 가지며 뒷소리에 동화된 비음으로 발음한다.

(1) ま, ば, ぱ행 앞에서 [m]

例 : えんぴつ(연필)　　　　　　さんま(꽁치)

(2) ざ, た, だ, な, ら행 앞에서 [n]

例 : ぎんざ(긴자)　　　　　　　べんり(편리)

(3) か행, が행 앞에서 [ŋ]

例 : さ<u>ん</u>か(참가)　　　　　　　　　ま<u>ん</u>が(만화)

(4) 반모음 앞, 단어 끝에 올때 [N]

　　* [N]은 [n]와 [ŋ]의 중간음으로 한국어에는 없는 음이다.

혼동하기 쉬운 히라가나

あ	お
a	**o**

い	り
i	**ri**

き	さ
ki	**sa**

ぬ	め
nu	**me**

は	ほ
ha	**ho**

ね	れ	わ
ne	**re**	**wa**

る	ろ
ru	**ro**

혼동하기 쉬운 가타카나

ア	マ
a	ma

ケ	チ
ke	chi

コ	ユ
ko	yu

ソ	ン
so	n

シ	ツ
shi	tsu

ス	ヌ
su	nu

テ	ラ
te	ra

あいさつ(인사)

おはよう ございます。 おはよう。	(아침인사)안녕하십니까? 안녕!(친구 또는 동료)
こんにちは。	(낮 인사)안녕하십니까?
こんばんは。	(저녁인사)안녕하십니까?
おつかれさまでした。	수고하셨습니다.
ごくろうさまでした。	수고하셨습니다.(손아랫사람)
さようなら。	안녕히 가세요.

おやすみなさい。	안녕히 주무세요.
おやすみ。	잘 자.
ありがとう ございます。	감사합니다.
ありがとう ございました。	감사합니다.(과거)
ありがとう。	고마워.
どういたしまして。	천만에요.
はじめまして。	처음 뵙겠습니다.
どうぞ よろしく お願いします。	잘 부탁합니다.
いただきます。	잘 먹겠습니다.
ごちそうさまでした。	잘 먹었습니다.
いって いらっしゃい。	다녀오세요.
いって きます。	다녀오겠습니다.
ただいま。	다녀왔습니다.
おかえりなさい。	다녀오셨어요?
おかえり。	다녀왔니?
おげんきですか。	잘 지내시죠? (그동안) 안녕하셨습니까?
はい。おかげさまで。	예. 덕분에 (잘 지냅니다.)
おひさしぶりです。	오래간만입니다.
では、また。 じゃね。	그럼 또 (만나요.)
お大事に。	빨리 완쾌하세요. 몸조심하세요.
しつれいします。	실례합니다.
おさきに しつれいします。	먼저 실례하겠습니다.
おめでとう ございます。	축하합니다.
おめでとう。	축하해.
すみません。	죄송합니다. 실례합니다.
ごめんなさい。	미안합니다.
ごめん。	미안.
ちょっと 待って ください。	잠깐만 기다려 주세요.

히라가나 읽기연습과제(한글로 표기)

ひみつ		きのう		いぬ	
あなた		さかな		あした	
さくら		ともだち		かごしま	
どろぼう		ていねい		おかあさん	
ゆうひ		ほうこう		とうきょう	
きっと		おっと		ちゅうごく	
しゃしん		きょうと		しゅうまつ	
ほんだな		でんわ		いんかん	
さんま		ほんとう		せんせい	
がくせい		こくさい		しょうせつ	
ちゅうい		ちょうさ		こんにゃく	
にゅうがく		しゅみ		ひゃく	
きゅうり		りょこう		りゅうがく	
おちゃ		おきゃく		にょうぼう	

3과

私は大学生です。

오늘의 문법

품 사	정 중 체	의 미
명 사	~です。	~ 입니다.
	~ではありません。 ~じゃありません。	~ (이)가 아닙니다.

단어연습

かんこくじん
韓国人
한국인

しょうがくせい
小学生
초등학생

に ほんじん
日本人
일본인

ちゅうがくせい
中学生
중학생

ちゅうごくじん
中国人
중국인

こうこうせい
高校生
고등학생

じん
アメリカ人
미국인

だいがくせい
大学生
대학생

▌명사의 정중체

품 사	정 중 체	의 미
명 사	～です。	~입니다.
	～ではありません。 ～じゃありません。	~이 아닙니다.

의미	단어	의미	단어
한국인	韓国人 (かんこくじん)	초등학생	小学生 (しょうがくせい)
일본인	日本人 (にほんじん)	중학생	中学生 (ちゅうがくせい)
중국인	中国人 (ちゅうごくじん)	고등학생	高校生 (こうこうせい)
미국인	アメリカ人 (じん)	대학생	大学生 (だいがくせい)

▌인칭대명사

인칭	단어
1인칭	私 (わたし-나, 저)
2인칭	あなた (당신)
3인칭	彼 (かれ-그)　彼女 (かのじょ-그녀)

▌조사

★ は / ～은, 는(조사로 사용 될 경우는 wa로 발음)
私 (わたし) は韓国人 (かんこくじん) です。 저는 한국인입니다.
당신은 일본인입니까?　　　　나는 대학생입니다.
당신은 미국인입니까?
★ か / ～까?
田中 (たなか) さんは韓国人 (かんこくじん) ですか。
당신은 학생입니까? 学生 (がくせい)
★ も / ～도
私 (わたし) も大学生 (だいがくせい) です。
저도 고등학생입니다.　　　　저도 선생님입니다.　先生 (せんせい)
★ の / ～의
私 (わたし) は日本語 (にほんご) の先生 (せんせい) です。
저는 일본어 선생님입니다.
일본어 日本語 (にほんご) /한국어 韓国語 (かんこくご)
중국어 中国語 (ちゅうごくご) /영어 英語 (えいご)

▌예, 아니오

あなたは韓国人（かんこくじん）ですか。
→ はい、私（わたし）は韓国人（かんこくじん）です。
→ いいえ、私（わたし）は韓国人（かんこくじん）ではありません。

당신은 일본인입니까?
예. 저는 일본인입니다.
아니오. 저는 일본인이 아닙니다.

▌명사의 정중체 연습

あなたは韓国人（かんこくじん）ですか。
→ はい、私（わたし）は韓国人（かんこくじん）です。
→ いいえ、私（わたし）は韓国人（かんこくじん）ではありません。

의미	단어	의미	단어
한국인	韓国人（かんこくじん）	초등학생	小学生（しょうがくせい）
일본인	日本人（にほんじん）	중학생	中学生（ちゅうがくせい）
중국인	中国人（ちゅうごくじん）	고등학생	高校生（こうこうせい）
미국인	アメリカ人（じん）	대학생	大学生（だいがくせい）

▌연습

私（わたし）は＿＿＿＿＿＿＿です。

私（わたし）は ＿＿＿＿＿＿＿ ではありません。

田中（たなか）さんは日本人（にほんじん）です。

山田（やまだ）さんも日本人（にほんじん）です。

田中（たなか）さんは日本語（にほんご）の先生（せんせい）です。

▌숫자연습

0	ゼロ/れい/まる	10	じゅう	20	にじゅう
1	いち	11	じゅういち	30	さんじゅう
2	に	12	じゅうに	40	よんじゅう
3	さん	13	じゅうさん	50	ごじゅう
4	し/よん/よ	14	じゅうよん	60	ろくじゅう
5	ご	15	じゅうご	70	ななじゅう
6	ろく	16	じゅうろく		
7	しち/なな	17	じゅうなな	80	はちじゅう
8	はち	18	じゅうはち	90	きゅうじゅう
9	きゅう/く	19	じゅうきゅう	100	ひゃく

▌숫자읽기 연습

(1) 740 ______________________________

(2) 677 ______________________________

(3) 400 ______________________________

(4) 352 ______________________________

(5) 24 ______________________________

(6) 920 ______________________________

(7) 593 ______________________________

(8) 300 ______________________________

(9) 895 ______________________________

(10) 666 ______________________________

▌인사말 배워보기

처음 뵙겠습니다. 저는 야마다라고 합니다.
はじめまして。私(わたし)は山田(やまだ)ともうします。
잘 부탁합니다.
どうぞ、よろしくお願(ねが)いします。

처음뵙겠습니다. 저는 다나카라고 합니다.
잘 부탁합니다.

처음뵙겠습니다. 저는 김정민이라고 합니다.
잘 부탁합니다.

과제

1. 다음 문장을 일본어로 바꿔 봅시다.

(1) 나는 한국인 입니다.

　➡ ______________________________

(2) 나는 일본인이 아닙니다.

　➡ ______________________________

(3) 당신은 선생님입니까?

　➡ ______________________________

(4) 당신은 학생입니까?

　➡ ______________________________

　예, 저는 학생입니다.

　➡ ______________________________

　아니오, 저는 학생이 아닙니다. 회사원입니다.

　➡ ______________________________

(5) 당신도 회사원입니까?　　　　　　　　　　　　会社員(かいしゃいん)

　➡ ______________________________

　아니오, 저는 회사원이 아닙니다.

　➡ ______________________________

(6) 처음 뵙겠습니다. 저는 야마다라고 합니다.

➡ ____

잘 부탁합니다.

➡ ____

2. 숫자읽기 과제

(1) 220 ➡ ____

(2) 699 ➡ ____

(3) 400 ➡ ____

(4) 352 ➡ ____

(5) 824 ➡ ____

(6) 920 ➡ ____

(7) 593 ➡ ____

(8) 330 ➡ ____

(9) 895 ➡ ____

(10) 620 ➡ ____

훈독	음독
まなぶ	がく

♥ 순서에 맞게 쓰며 연습해봅시다~

学	学	学	学	学	学	学	学	学	学	学	学	学

☆ 써봅시다 ☆

学ぶ まなぶ					

学生 がくせい					

学校 がっこう					

入学 にゅうがく					

☆ 읽어 봅시다 ☆

私は学生です。　大学生　中学生　小学生

学校は何時から何時までですか。

4과

<ruby>私<rt>わたし</rt></ruby>は<ruby>先生<rt>せんせい</rt></ruby>ではありません。

품　사	정　중　체	의　미
명　사	~です。	~ 입니다.
	~ではありません。 ~じゃありません。	~ (이)가 아닙니다.

 단어연습

かいしゃいん
会社員
회사원

しゃいん
社員
사원

ぎんこういん
銀行員
은행원

けんきゅうしゃ
研究者
연구자

せんせい
先生
선생님

いしゃ
医者
의사

がくせい
学生
학생

エンジニア
엔지니어

▎명사의 정중체

품 사	정 중 체	의 미
명 사	～です。	-입니다.
	～ではありません。 ～じゃありません。	- (이)가 아닙니다.

의미	단어	의미	단어
회사원	会社員 (かいしゃいん)	사원	社員 (しゃいん)
은행원	銀行員 (ぎんこういん)	연구자	研究者 (けんきゅうしゃ)
선생님	先生 (せんせい)	의사	医者 (いしゃ)
학생	学生 (がくせい)	엔지니어	エンジニア

▎인칭대명사

이름	국적	직업
ミラー	アメリカ	会社員 (かいしゃいん)
山田 (やまだ)	日本 (にほん)	先生 (せんせい)
シュミット	ドイツ	エンジニア

예 〉 ミラーさんはアメリカ人 (じん)です。
예 〉 ミラーさんは会社員 (かいしゃいん)です。
예 〉 ミラーさんは銀行員 (ぎんこういん)じゃありません。
예 〉 ミラーさんはアメリカ人 (じん)ですか。
　　　はい、アメリカ人 (じん)です。

▎연습

이름	국적	직업
イー	韓国 (かんこく)	医者 (いしゃ)
グプタ	インド	研究者 (けんきゅうしゃ)
佐藤 (さとう)	日本 (にほん)	会社員 (かいしゃいん)

イーさんは医者 (いしゃ)です。グプタさんも医者 (いしゃ)ですか。

→ いいえ、グプタさんは医者 (いしゃ)ではありません。

→ グプタさんは研究者 (けんきゅうしゃ)です。

▮ 연습

이름	국적	직업
イー	韓国(かんこく)	医者(いしゃ)
グプタ	インド	研究者(けんきゅうしゃ)
佐藤(さとう)	日本(にほん)	会社員(かいしゃいん)

あの方(かた)はどなたですか。
→ イーさんです。韓国(かんこく)の医者(いしゃ)です。

▮ 명사의 정중체 연습

이름	국적
イー	韓国(かんこく)
グプタ	インド
佐藤(さとう)	日本(にほん)

初(はじ)めまして。田中(たなか)です。
日本(にほん)からきました。
どうぞ、よろしくお願(ねが)いします。

▮ 연습

私(わたし)は先生(せんせい)です。

私(わたし)は学生(がくせい)ではありません。

田中(たなか)さんは会社員(かいしゃいん)です。

山田(やまだ)さんも会社員(かいしゃいん)です。

田中(たなか)さんは日本語(にほんご) 先生(せんせい)です。

▎숫자 연습

100	ひゃく	1,000	せん	10,000	★いちまん
200	にひゃく	2,000	にせん	20,000	にまん
300	さんびゃく	3,000	さんぜん	30,000	さんまん
400	よんひゃく	4,000	よんせん	40,000	よんまん
500	ごひゃく	5,000	ごせん	50,000	ごまん
600	ろっぴゃく	6,000	ろくせん	60,000	ろくまん
700	ななひゃく	7,000	ななせん	70,000	ななまん
800	はっぴゃく	8,000	はっせん	80,000	はちまん
900	きゅうひゃく	9,000	きゅうせん	90,000	きゅうまん

▎숫자읽기 연습

(1) 1,740 _______________________

(2) 2,677 _______________________

(3) 12,400 _______________________

(4) 58,352 _______________________

(5) 3,824 _______________________

(6) 920 _______________________

(7) 4,593 _______________________

(8) 17,300 _______________________

(9) 1,895 _______________________

(10) 66,666 _______________________

▎인사말 배워보기

いただきます。	잘 먹겠습니다. 잘 받겠습니다.
ごちそうさまでした。	잘 먹었습니다.
おやすみなさい。 おやすみ。	안녕히 주무세요. 잘 자.

성명 ____________ 학과 ____________
학년 ____________ 학번 ____________

과제

1. 다음 문장을 일본어로 바꿔 봅시다.

(1) 저는 선생님입니다.

　➡ ________________________________

(2) 저는 학생이 아닙니다.

　➡ ________________________________

(3) 다나카씨는 회사원입니다.

　➡ ________________________________

(4) 야마다씨도 회사원입니다.

　➡ ________________________________

(5) 다나카씨는 일본어선생님입니다.

　➡ ________________________________

(6) 당신은 일본인입니까?

　➡ ________________________________

(7) 나는 대학생입니다.

　➡ ________________________________

(8) 당신은 미국인입니까?

   ➡ ______________________________

(9) 저도 고등학생입니다.

   ➡ ______________________________

(10) 저도 선생님입니다.

   ➡ ______________________________

2. 숫자읽기 과제

(1) 1,740   ➡ ______________________________

(2) 2,677   ➡ ______________________________

(3) 12,400 ➡ ______________________________

(4) 58,352 ➡ ______________________________

(5) 3,824   ➡ ______________________________

(6) 920   ➡ ______________________________

(7) 4,593   ➡ ______________________________

(8) 17,300 ➡ ______________________________

(9) 1,895   ➡ ______________________________

(10) 66,666 ➡ ______________________________

훈독	음독
<u>い</u>きる <u>う</u>まれる <u>う</u>む <u>な</u>ま	せい しょう

♥순서에 맞게 쓰며 연습해봅시다~

生	生	生	生	生	生	生	生	生	生	生	生

☆ 써봅시다 ☆

生まれる					
うまれる					
誕生日					
たんじょうび					
生活					
せいかつ					
先生					
せんせい					

☆ 읽어 봅시다 ☆

田中さんは先生です。　　何年生まれですか。

学生も多いです。　　お誕生日はいつですか。

5_과

これは<ruby>誰<rt>だれ</rt></ruby>の<ruby>本<rt>ほん</rt></ruby>ですか。

	사 물	연 체 사
근칭	これ(이것)	この(이)
중칭	それ(그것)	その(그)
원칭	あれ(저것)	あの(저)
부정칭	どれ(어느 것)	どの(어느)

단어연습

机 책상

椅子 의자

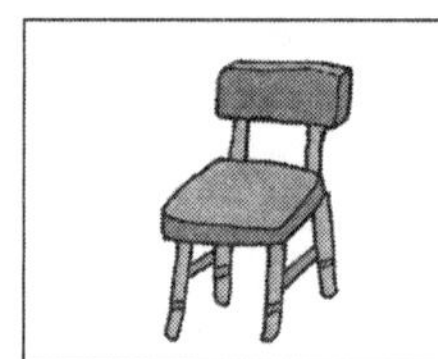

傘 우산

荷物 짐

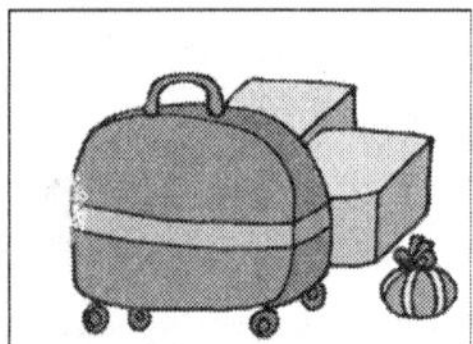

新聞 신문

タバコ 담배

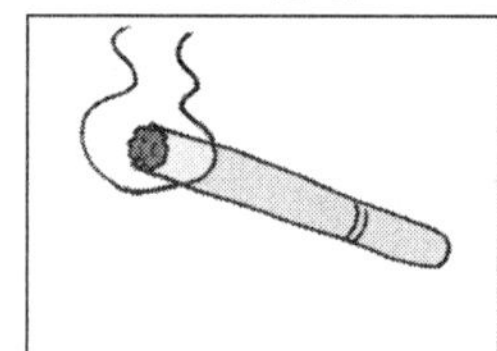

辞書 사전

雑誌 잡지

本 책

❙ 지시대명사

	사 물	연 체 사
근칭	これ (이것)	この (이)
중칭	それ (그것)	その (그)
원칭	あれ (저것)	あの (저)
부정칭	どれ (어느 것)	どの (어느)

これは何(なん)ですか。
それは本(ほん)です。
それは何(なん)ですか。
これは辞書(じしょ)です。
あれは何(なん)ですか。
あれは時計(とけい)です。

❙ 지시대명사 연습

의미	단어	의미	단어
책	本(ほん)	사전	辞書(じしょ)
우산	傘(かさ)	잡지	雑誌(ざっし)
가방	かばん	노트	ノート
시계	時計(とけい)	카메라	カメラ

これは何(なん)ですか。　　それは________です。
それは何(なん)ですか。　　これは________です。
あれは何(なん)ですか。　　あれは________です。

❙ 지시대명사 연습

의미	단어	의미	단어
책	本(ほん)	사전	辞書(じしょ)
우산	傘(かさ)	잡지	雑誌(ざっし)
가방	かばん	노트	ノート
시계	時計(とけい)	카메라	カメラ

これは誰(だれ)の________ですか。
それは田中(たなか)さんの________です。
それは誰(だれ)の________ですか。
これは山田(やまだ)さんの________です。
あれは誰(だれ)の________ですか。
あれはキムさんの________です。

❙ 지시대명사 연습

의미	단어	의미	단어
책	本(ほん)	사전	辞書(じしょ)
우산	傘(かさ)	잡지	雑誌(ざっし)
가방	かばん	노트	ノート
시계	時計(とけい)	카메라	カメラ

これは誰(だれ)の本(ほん)ですか。
それは私(わたし)のほんです。
それは誰(だれ)の傘(かさ)ですか。
これは山田(やまだ)さんの傘(かさ)です。
あれは誰(だれ)の雑誌(ざっし)ですか。
あれは田中(たなか)さんの雑誌(ざっし)です。

❙ 조사

★ は / ~은, 는(조사로 사용 될 경우는 wa로 발음)
　私(わたし)は韓国人(かんこくじん)です。　저는 한국인입니다.
　당신은 일본인입니까?　　　나는 대학생입니다.
　당신은 미국인입니까?

★ か / ~까?
　田中(たなか)さんは韓国人(かんこくじん)ですか。
　당신은 학생입니까? 学生(がくせい)

★ も / ~도
　私(わたし)も大学生(だいがくせい)です。
　저도 고등학생입니다.　　저도 선생님입니다. 先生(せんせい)

❙ 조사

★ の / ~의
私(わたし)は日本語(にほんご)の先生(せんせい)です。
저는 일본어 선생님입니다.
일본어 日本語(にほんご)/한국어 韓国語(かんこくご)
중국어 中国語(ちゅうごくご)/영어 英語(えいご)

★ の / ~의것
これは誰(だれ)のですか。
それは私(わたし)のです。
それは誰(だれ)のですか。
これは田中(たなか)さんのです。
あれは誰(だれ)のですか。
あれは先生(せんせい)のです。

▍지시대명사 연습

의미	단어	의미	단어
열쇠	**鍵(かぎ)**	담배	たばこ
책상	**机(つくえ)**	휴대폰	**ケータイ**
의자	**椅子(いす)**	커피	**コーヒー**
구두	**靴(くつ)**	쥬스	**ジュース**

この鍵(かぎ)はあなたのですか。
いいえ、私(わたし)のではありません。
その机(つくえ)は誰(だれ)のですか。
私(わたし)のです。
あのケータイは誰(だれ)のですか。
先生(せんせい)のです。

▍숫자 연습

<u>コーヒー</u>は いくらですか。(350)
→<u>さんびゃくごじゅう円(えん)</u>です。

たばこ、280円(えん)

ジュース、350円(えん)

アイスクリーム、880円(えん)

ラーメン，690円(えん)

▍회화 배워보기

お仕事(しごと)は何(なん)ですか。		직업은 무엇입니까?	
会社員(かいしゃいん) (회사원)	大学生(だいがくせい) (대학생)		高校生(こうこうせい) (고등학생)
中学生(ちゅうがくせい) (중학생)	小学生(しょうがくせい) (초등학생)		大学院生(だいがくいんせい) (대학원생)
主婦(しゅふ) (주부)	学生(がくせい) (학생)		プータロー (백수)
何(なに)も していません。		아무것도 하고 있지 않습니다.	
フリーターです。		free로 아르바이트 하는 사람	

과제

1. 다음 문장을 일본어로 바꿔 봅시다.

(1) 저는 한국인입니다.

　▶ ____

(2) 당신은 일본인입니까?　저는 대학생입니다.

　▶ ____

(3) 당신은 미국인입니까?

　▶ ____

(4) 다나카씨는 한국인입니까?

　▶ ____

(5) 당신은 학생입니까?

　▶ ____

(6) 저도 고등학생입니다.

　▶ ____

(7) 저도 선생님입니다.

　▶ ____

(8) 저는 일본어 선생님입니다.

　▶ ____

(9) 이것은 누구의 것입니까? 그것은 제것입니다.

　　➡ ____

(10) 그것은 누구의 것입니까? 이것은 다나카씨의 것입니다.

　　➡ ____

(11) 저것은 누구의 것입니까? 저것은 선생님의 우산입니다.

　　➡ ____

2. 다음 문장을 일본어로 바꿔 봅시다.

(1) 이것은 무엇입니까? 그것은 노트입니다.

　　➡ ____

(2) 그것은 무엇입니까? 이것은 사전입니다.

　　➡ ____

(3) 저것은 무엇입니까? 저것은 잡지입니다.

　　➡ ____

(4) 이것은 누구의 가방입니니까?

　　➡ ____

(5) 그것은 다나카씨의 가방입니다.

　　➡ ____

(6) 그것은 누구의 우산입니까?

　　➡ ____

(7) 이것은 야마다씨의 우산입니다.

　➡ ____

(8) 저것은 누구의 카메라입니까?

　➡ ____

(9) 저것은 김씨의 카메라입니다.

　➡ ____

3. 다음 문장을 일본어로 바꿔 봅시다.

(1) 이 열쇠는 당신의 것입니까?

　➡ ____

(2) 아니오, 제것이 아닙니다.

　➡ ____

(3) 그 책상은 누구의 것입니까?

　➡ ____

(4) 제것입니다.

　➡ ____

(5) 저 휴대폰은 누구의 것입니까?

　➡ ____

(6) 선생님의 것입니다.

　➡ ____

(7) 담배는 얼마입니까? 280엔입니다.   (たばこ/담배)

　　　▶ ____

(8) 쥬스는 얼마입니까? 350엔입니다.   (ジュース/쥬스)

　　　▶ ____

(9) 아이스크림은 얼마입니까? 880엔입니다.   (アイスクリーム/아이스크림)

　　　▶ ____

(10) 라면은 얼마입니까? 690엔입니다.   (ラーメン/라면)

　　　▶ ____

훈독	음독
くに	こく

♥ 순서에 맞게 쓰며 연습해봅시다~

国	国	国	国	国	国	国	国	国	国	国	国	国

☆ 써봅시다 ☆

韓国 かんこく					
中国 ちゅうごく					
国際 こくさい					
国 くに					

☆ 읽어 봅시다 ☆

先生は韓国人ではありません。中国人です。

いつ国へ帰りますか。　韓国は日本より寒いです。

6과

教室はどちらですか。

오늘의 문법

	장 소	방 향
근칭	ここ(여기)	こちら = こっち(이쪽)
중칭	そこ(거기)	そちら = そっち(그쪽)
원칭	あそこ(저기)	あちら = あっち(저쪽)
부정칭	どこ(어디)	どちら = どっち(어느 쪽)

단어연습

きょうしつ
教室 교실

がっこう
学校 학교

ぎんこう
銀行 은행

びょういん
病院 병원

て あら
お手洗い 화장실

えい が かん
映画館 영화관

コンビニ 편의점

へ や
部屋 방

デパート 백화점

▌지시대명사

	장 소	방 향
근칭	ここ (여기)	こちら=こっち (이쪽)
중칭	そこ (거기)	そちら=そっち (그쪽)
원칭	あそこ (저기)	あちら=あっち (저쪽)
부정칭	どこ (어디)	どちら=どっち (어느 쪽)

ここは大学(だいがく)です。
ここは東京(とうきょう)です。
そこはロビーです。
そこはトイレです。
電話(でんわ)はあそこです。
あそこが教室(きょうしつ)です。
会議室(かいぎしつ)はどこですか。
駅(えき)はどこですか。

▌지시대명사 연습

의미	단어	의미	단어
교실	教室(きょうしつ)	나라	お国(くに)
식당	食堂(しょくどう)	엘리베이터	エレベーター
로비	ロビー	계단	階段(かいだん)
화장실	トイレ	방	部屋(へや)

トイレはどこですか。　　あそこです。

エレベーターはどちらですか。　　あちらです。

お国(くに)はどちらですか。　　韓国(かんこく)です。

▌지시대명사 연습

여기는 어디입니까? 여기는 교실입니다.
ここはどこですか。ここは教室(きょうしつ)です。

병원은 어디입니까? 병원은 저기입니다.
病院(びょういん)はどこですか。　病院(びょういん)はあそこです。

당신의 집은 어디입니까?
あなたの家(いえ)はどこですか。

나의 집은 여기입니다.
私(わたし)の家(いえ)はここです。

이것은 어디 휴대폰입니까?
これはどこのケータイですか。

그것은 도코모의 휴대폰입니다.
それはドコモのケータイです。

▎지시대명사 연습

	있다	있습니다	없습니다
사람 . 동물	いる	います	いません
사물 . 식물	ある	あります	ありません

田中(たなか)さんは どこに いますか。
田中(たなか)さんは教室(きょうしつ)にいます。
傘(かさ)はどこに ありますか。
傘(かさ)はあそこにあります。

▎조사

★ に / ～에
　トイレは ここに あります。화장실은 여기에 있습니다.
　猫(ねこ)はどこにいますか。고양이는 어디에 있습니까?
　部屋(へや)にいます。방에 있습니다.

★ と / ～와, 과
　本(ほん)と ノートが あります。
　책과 노트가 있습니다.
　コーヒーとアイスクリームお願(ねが)いします。
　커피와 아이스크림 부탁합니다.

도서관은 어디에 있습니까?
図書館(としょかん)はどこにありますか。
도서관은 저기에 있습니다.
図書館(としょかん)はあそこにあります。

교실에 누가 있습니까?
教室(きょうしつ)に誰(だれ)がいますか。
교실에 선생님과 학생이 있습니다.
教室(きょうしつ)に先生(せんせい)と学生(がくせい)がいます。

▌지시대명사 연습

(1) 여기는 어디입니까?

____。

(2) 이 방은 누구의 방입니까?

____。

(3) 여기는 화장실이 아닙니다.

____。

(4) 거기는 병원이 아닙니다.

____。

(5) 화장실은 어디에 있습니까?

____。

(6) 고양이는 어디에 있습니까?　　　　　　(猫(ねこ)/고양이)

고양이는 방에 있습니다.

____。

▌숫자 연습

1時	2時	3時	4時	5時	6時
いちじ	にじ	さんじ	よじ	ごじ	ろくじ
7時	8時	9時	10時	11時	12時
しちじ	はちじ	くじ	じゅうじ	じゅういちじ	じゅうにじ

今何時(いまなんじ)ですか

8時(はちじ)です。

テストは何時(なんじ)ですか。

2時(にじ)です。

会議(かいぎ)は何時(なんじ)ですか。

10時(じゅうじ)です。

▌회화 배워보기

何人(なんにん)家族(かぞく)ですか。	가족이 어떻게 되세요?
四人家族(よにんかぞく)です。	넷입니다.
何人(なんにん)兄弟(きょうだい)ですか。	형제가 어떻게 되세요?
三人(さんにん)兄弟(きょうだい)です。	셋입니다.
二人(ふたり)です。	둘입니다.

과제

1. 다음 문장을 일본어로 바꿔 봅시다.

(1) 여기는 어디입니까? 여기는 교실입니다.

   ➡ ____

(2) 병원은 어디입니까? 병원은 저기입니다.

   ➡ ____

(3) 당신의 집은 어디입니까?

   ➡ ____

(4) 나의 집은 여기입니다.

   ➡ ____

(5) 이것은 어디 휴대폰입니까?

   ➡ ____

(6) 그것은 ドコモ의 휴대폰입니다.

   ➡ ____

(7) 다나카씨는 어디에 있습니까?

   ➡ ____

(8) 다나카씨는 교실에 있습니다.

   ➡ ____

(9) 우산은 어디에 있습니까?

➡ ____

(10) 우산은 저기에 있습니다.

➡ ____

2. 다음 문장을 일본어로 바꿔 봅시다.

(1) 화장실은 여기에 있습니다.

➡ ____

(2) 고양이는 어디에 있습니까?

➡ ____

(3) 방에 있습니다.

➡ ____

(4) 책과 노트가 있습니다.

➡ ____

(5) 커피와 아이스크림 부탁합니다.

➡ ____

(6) 도서관은 어디에 있습니까?

➡ ____

(7) 도서관은 저기에 있습니다.

➡ ____

(8) 교실에 누가 있습니까?

   ➡ ____

(9) 교실에 선생님과 학생이 있습니다.

   ➡ ____

3. 다음 문장을 일본어로 바꿔 봅시다.

(1) 지금 몇시 입니까?

   ➡ ____

여덟시 입니다.

   ➡ ____

(2) 시험은 몇 시 입니까?

   ➡ ____

두시 입니다.

   ➡ ____

(3) 회의는 몇 시 입니까?

   ➡ ____

열시 입니다.

   ➡ ____

(4) 지금은 몇시 입니까?

   ➡ ____

네시입니다.

  ➡ ____

(5) 영화는 몇시입니까?

  ➡ ____

여섯시입니다.

  ➡ ____

훈독	음독
あう	かい え

♥ 순서에 맞게 쓰며 연습해봅시다~

会	会	会	会	会	会	会	会	会	会	会	会	会

☆ 써봅시다 ☆

会社				
かいしゃ				

会員				
かいいん				

会う				
あう				

会議				
かいぎ				

☆ 읽어 봅시다 ☆

明日 3 時に会議があります。　会社はどこにありますか。

昨日は友達に会いました。

7과

日本語は難しくありません。

품 사	정 중 체	의 미
い형용사	~です。	~합니다.
	い를 빼고　くありません。 い를 빼고　くないです。	~하지 않습니다.

 ## 단어연습

^{たか}高い / ^{ひく}低い
높다 / 낮다

^{ひろ}広い / ^{せま}狭い
넓다 / 좁다

おいしい / まずい
맛있다 / 맛없다

^{なが}長い / ^{みじか}短い
길다 / 짧다

^{むずか}難しい / ^{やさ}易しい
어렵다 / 쉽다

いい / ^{わる}悪い
좋다 / 나쁘다

^{おも}重い / ^{かる}軽い
무겁다 / 가볍다

^{あつ}暑い / ^{さむ}寒い
덥다 / 춥다

▌형용사의 정중체

품　사	정　중　체	의　미
형　용　사	～です。	～합니다.
	い를 빼고　くありません。 い를 빼고　くないです。	～하지 않습니다.

그 빵은 맛있습니까?
そのパンはおいしいですか。

네 이 빵은 맛있습니다.
はい、このパンはおいしいです。

그 커피는 비쌉니까?
そのコーヒーは高(たか)いですか。

아니오 비싸지 않습니다.
いいえ、高(たか)くありません。高(たか)くないです。

▌형용사

暑(あつ)い	덥다	寒(さむ)い	춥다
おいしい	맛있다	まずい	맛없다
大(おお)きい	크다	小(ちい)さい	작다
難(むずか)しい	어렵다	易(やさ)しい	쉽다
良(い)い	좋다	悪(わる)い	나쁘다
高(たか)い	비싸다	安(やす)い	싸다
面白(おもしろ)い	재미있다	つまらない	재미없다

暑(あつ)いですか。

はい、暑(あつ)いです。

いいえ、暑(あつ)くありません。　暑(あつ)くないです。

▌형용사 연습

形容詞(けいようし)＋名詞(めいし)

따뜻한 봄입니다. 暖(あたた)かい春(はる)です。

더운 여름입니다. 暑(あつ)い夏(なつ)です。

서늘한 가을입니다. 涼(すず)しい秋(あき)です。

추운 겨울입니다. 寒(さむ)い冬(ふゆ)です。

비싼 커피입니다. 高(たか)いコーヒーです。

맛있는 레스토랑입니다. おいしいレストランです。

▌조사

★ より / -보다 (비교)
韓国 (かんこく) の夏 (なつ) は日本 (にほん) より暑 (あつ) いです。
한국 여름은 일본보다 덥습니다.
田中 (たなか) さんは私 (わたし) より背 (せ) が高 (たか) いです。
다나카씨는 나보다 키가 큽니다.
あのレストランはこのレストランよりおいしいです。
저 레스토랑은 이 레스토랑보다 맛있습니다.

★ で / ~에서(장소나 공간)
ソウルは韓国 (かんこく) で一番 (いちばん) 大 (おお) きいです。
서울은 한국에서 가장 큽니다.
ここは日本 (にほん) で一番 (いちばん) おいしいです。
여기는 일본에서 가장 맛있습니다.

▌불규칙 활용 형용사 / いい

今日 (きょう) は天気 (てんき) が<u>いいです</u>。
오늘은 날씨가 좋습니다.
今日 (きょう) は天気 (てんき) が<u>よくありません。＝よくないです。</u>
오늘은 날씨가 좋지 않습니다.
昨日 (きのう) は天気 (てんき) が<u>よかったです。</u>
어제는 날씨가 좋았습니다.
昨日 (きのう) は天気 (てんき) が<u>よくありませんでした。＝よくなかったです。</u>
어제는 날씨가 좋지 않았습니다.

<u>いい天気 (てんき)</u> です。
좋은 날씨 입니다.

▌형용사 연습

(1) 이 라면은 맛있습니다.　　　　　　　　　　　　　(ラーメン/라면)

(2) 일본어 시험은 어렵지 않습니다.　　　(**日本語 (にほんご) のテスト**/일본어시험)

(3) 넓은 방이 있습니다.　　　　　　　　　　(**広 (ひろ) い部屋 (へや)** /넓은 방)

(4) 야마다씨는 머리가 좋습니까?　　　　　　　　　　(あたま/머리)

예, 매우 좋습니다.

아니오, 별로 좋지 않습니다.

▌부사

품 사	활 용	의 미
とても	매우 / 아주	とても高(たか)いです。 매우 비쌉니다.
少(すこ)し	조금	すこし難(むずか)しいです。 조금 어렵습니다.
あまり	그다지 별로	あまり暑(あつ)くありません。 그다지 덥지 않습니다.
全然(ぜんぜん)	전혀	全然(ぜんぜん)寒(さむ)くありません。 전혀 춥지 않습니다.

▌분 연습

1分	2分	3分	4分	5分	6分
いっぷん	にふん	さんぷん	よんぷん	ごふん	ろっぷん
7分	8分	9分	10分	11分	12分
ななふん	はっぷん	きゅうふん	じゅっぷん	じゅう いっぷん	じゅう にふん
13分	14分	15分	16分	17分	18分
じゅう さんぷん	じゅう よんぷん	じゅう ごふん	じゅう ろっぷん	じゅう ななふん	じゅう はっぷん
19分	20分	30分	40分	50分	60分
じゅう きゅうふん	に じゅっぷん	さん じゅっぷん	よん じゅっぷん	ご じゅっぷん	ろく じゅっぷん

▌회화 배워보기

おいくつですか。何歳(なんさい)ですか。		몇 살입니까?		
いっさい	にさい	さんさい	よんさい	ごさい
한 살	두 살	세 살	네 살	다섯 살
ろくさい	ななさい	はっさい	きゅうさい	じゅっさい
여섯 살	일곱 살	여덟 살	아홉 살	열 살
じゅうごさい	にじゅうにさい	さんじゅっさい	よんじゅういっさい	
열다섯살	스물두살	서른살	마흔 한살	
★예외 はたち		20살		

과제

1. 다음 문장을 일본어로 바꿔 봅시다.

(1) 그 빵은 맛있습니까?

➡ ______________________________

(2) 네 이 빵은 맛있습니다.

➡ ______________________________

(3) 그 커피는 비쌉니까?

➡ ______________________________

(4) 아니오 비싸지 않습니다.

➡ ______________________________

(5) 따뜻한 봄입니다.

➡ ______________________________

(6) 더운 여름입니다.

➡ ______________________________

(7) 서늘한 가을입니다.

➡ ______________________________

(8) 추운 겨울입니다.

➡ ______________________________

(9) 비싼 커피입니다.

    ➡ ____

(10) 맛있는 레스토랑입니다.

    ➡ ____

2. 다음 시간을 일본어로 읽고 써 봅시다

(1) 6 : 15   ➡ ____

(2) 5 : 08   ➡ ____

(3) 12 : 46   ➡ ____

(4) 9 : 32   ➡ ____

(5) 1 : 30   ➡ ____

(6) 10 : 26   ➡ ____

(7) 7 : 55   ➡ ____

(8) 3 : 00   ➡ ____

훈독	음독
<u>やしろ</u>	しゃ

모일 **사**

社 社 社 社 社 社 社 社 社 社 社 社 社

社会					
しゃかい					

本社					
ほんしゃ					

社員					
しゃいん					

社長					
しゃちょう					

<u>社長</u>は銀行に行きました。　<u>社員</u>は何人いますか。

<u>会社</u>は月曜日から金曜日までです。

8과

きれいな学校です。

오늘의 문법

품　사	정　중　체	의　미
な형 용 사	~です。	~합니다.
	~ではありません。 ~じゃありません。	~하지 않습니다.

단어연습

便利だ/不便だ
편리하다/불편하다

好きだ/きらいだ
좋아하다/싫어하다

上手だ/下手だ
잘하다/못하다

得意だ/苦手だ
특기이다/서툴다

親切だ/真面目だ
친절하다/성실하다

元気だ/病弱だ
건강하다/병약하다

静かだ/賑やかだ
조용하다/번화하다

丈夫だ/暇だ
튼튼하다/한가하다
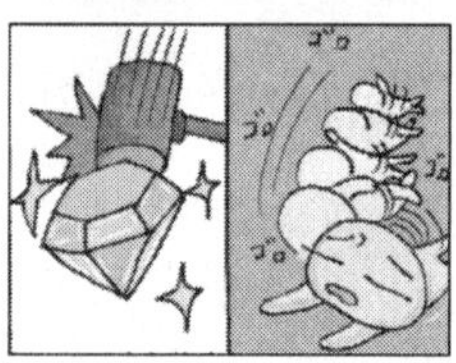

▌な형용사의 정중체

품　사	정중체	의　미
な형용사	〜です。	-입니다.
	〜ではありません。 〜じゃありません。	-이 아닙니다.

의미	단어	의미	단어
유명하다	有名(ゆうめい)だ	친절하다	親切(しんせつ)だ
좋아하다	好(す)きだ	싫어하다	嫌(きら)いだ
예쁘다 깨끗하다	きれいだ	성실하다	真面目(まじめ)だ
잘하다	上手(じょうず)だ	못하다	下手(へた)だ

▌な형용사

このレストランは有名(ゆうめい)です。
이 레스토랑은 유명합니다.
田中(たなか)さんはとても親切(しんせつ)です。
다나카씨는 매우 친절합니다.

好(す)きだ・嫌(きら)いだ・上手(じょうず)だ・下手(へた)だ앞에서는
을/를 의 경우 조사 を대신 が를 사용한다.

私(わたし)は日本(にほん)のラーメンが好(す)きです。
나는 일본라면을 좋아합니다.
父(ちち)は料理(りょうり)が上手(じょうず)です。
아버지는 요리를 잘합니다.
私(わたし)は英語(えいご)がきらいです。
나는 영어를 싫어합니다.

▌な형용사

食(た)べ物(もの)の中(なか)で何(なに)が一番(いちばん)好(す)きですか。

飲(の)み物(もの)の中(なか)で何(なに)が一番(いちばん)好(す)きですか。

歌手(かしゅ)の中(なか)で誰(だれ)が一番(いちばん)好(す)きですか。

スポーツの中(なか)で何(なに)が一番(いちばん)好(す)きですか。

季節(きせつ)の中(なか)でいつが一番(いちばん)好(す)きですか。

春(はる)・夏(なつ)・秋(あき)・冬(ふゆ)

食(た)べ物(もの)の中(なか)で何(なに)が一番(いちばん)きらいですか。

飲(の)み物(もの)の中(なか)で何(なに)が一番(いちばん)きらいですか。

歌手(かしゅ)の中(なか)で誰(だれ)が一番(いちばん)きらいですか。

スポーツの中(なか)で何(なに)が一番(いちばん)きらいですか。

▎ な형용사 연습

な形容詞（けいようし）＋な+名詞（めいし）

有名（ゆうめい）なレストランです。

유명한 레스토랑입니다.

親切（しんせつ）な先生（せんせい）です。

친절한 선생님입니다.

好（す）きな人（ひと）がいますか。

좋아하는 사람이 있습니까?

きれいな街（まち）ですね。

아름다운 거리네요.

▎ 조사

★ ___から___まで / ___부터 ___까지
テストは 何時（なんじ）から 何時（なんじ）までですか。
시험은 몇 시부터 몇 시까지입니까?
授業（じゅぎょう）は9時（くじ）からです。
수업은 9시부터입니다.
銀行（ぎんこう）は9時（じ）から 4時（よじ）までです。
은행은 9시부터 4시까지입니다.

★ に / ~에(시간, 장소)
英語（えいご）のテストは何時（なんじ）にありますか。
영어시험은 몇 시에 있습니까?
デパートはどこにありますか。
백화점은 어디에 있습니까?

▎ 다양한 표현

전 / 후	반	정각	부터 / 까지	오전 / 오후
前（まえ） / 後（あと）	半（はん）	ちょうど	から / まで	午前（ごぜん） / 午後（ごご）

(1) 정각 12시 ⇒ **ちょうど じゅうにじ**

(2) 7시반 ⇒ **しちじ半（はん）**

(3) 6시 5분전 ⇒ **ろくじごふん前（まえ）**

(4) 오전 9시/오후 9시 ⇒ **午前（ごぜん）9時（くじ） / 午後（ごご）9時（くじ）**

(5) 8시부터 4시반까지 ⇒ **8時（はちじ）から4時（よじ）半（はん）まで**

な형용사 연습

당신은 케익을 좋아합니까?
あなたはケーキが好(す)きですか。
아니오 그다지 좋아하지 않습니다.
いいえ、あまり好(す)きではありません。
그 선생님은 매우 유명합니다.
その先生(せんせい)はとても有名(ゆうめい)です。
그 레스토랑은 친절하지 않습니다.
そのレストランは親切(しんせつ)ではありません。
야마다씨의 방은 깨끗합니까?
山田(やまだ)さんの部屋(へや)はきれいですか。
아니오, 그다지 깨끗하지 않습니다.
いいえ、あまりきれいではありません。

명사, な형용사의 과거, 과거부정

명사, な형용사	정중문
과거	でした
과거부정	ではありませんでした じゃありませんでした

そのレストランはとても親切(しんせつ)でした。
그 레스토랑은 매우 친절했습니다.
田中(たなか)さんは医者(いしゃ)でした。
다나카씨는 의사였습니다.
山田(やまだ)さんは英語(えいご)が上手(じょうず)ではありません。
야마다씨는 영어를 잘하지 않습니다.

월 연습

1月	2月	3月	4月
いちがつ	にがつ	さんがつ	しがつ
5月	6月	7月	8月
ごがつ	ろくがつ	しちがつ	はちがつ
9月	10月	11月	12月
くがつ	じゅうがつ	じゅういちがつ	じゅうにがつ

▌회화 배워보기

今日(きょう)は何曜日(なんようび)ですか。			
月曜日	火曜日	水曜日	木曜日
げつようび	かようび	すいようび	もくようび
金曜日	土曜日	日曜日	休日
きんようび	どようび	にちようび	きゅうじつ

과제

1. 다음 문장을 일본어로 바꿔 봅시다.

(1) 이 레스토랑은 유명합니다.

➡ ____

(2) 유명한 레스토랑입니다.

➡ ____

(3) 다나카씨는 매우 친절합니다.

➡ ____

(4) 나는 일본라면을 좋아합니다.

➡ ____

(5) 아버지는 요리를 잘합니다.

➡ ____

(6) 나는 영어를 싫어합니다.

➡ ____

(7) 나는 영어를 못합니다.

➡ ____

2. 다음 문장을 일본어로 바꿔 봅시다.

(1) 유명한 레스토랑입니다.

 ➡ ____

(2) 친절한 선생님입니다.

 ➡ ____

(3) 좋아하는 사람이 있습니까?

 ➡ ____

(4) 아름다운 거리네요.

 ➡ ____

(5) 시험은 몇 시부터 몇 시까지입니까?

 ➡ ____

(6) 수업은 9시부터입니다.

 ➡ ____

(7) 은행은 9시부터 4시까지입니다.

 ➡ ____

(8) 영어시험은 몇 시에 있습니까?

 ➡ ____

(9) 백화점은 어디에 있습니까?

 ➡ ____

3. 다음 문장을 일본어로 바꿔 봅시다.

(1) 당신은 케익을 좋아합니까?

　➡ ____

(2) 아니오 그다지 좋아하지 않습니다.

　➡ ____

(3) 그 선생님은 매우 유명합니다.

　➡ ____

(4) 그 레스토랑은 친절하지 않습니다.

　➡ ____

(5) 야마다씨의 방은 깨끗합니까?

　➡ ____

(6) 아니오, 그다지 깨끗하지 않습니다.

　➡ ____

(7) 그 레스토랑은 매우 친절했습니다.

　➡ ____

(8) 다나카씨는 의사였습니다.

　➡ ____

(9) 야마다씨는 영어를 잘하지 않습니다.

　➡ ____

훈독	음독
<u>ひと</u>	にん じん

人	人	人	人	人	人	人	人	人	人	人	人	人

人 ひと					
人気 にんき					
外国人 がいこくじん					
人口 じんこう					

教室に<u>何人</u>いますか。 一人、二人、三人、四人 . . .

先生は<u>人気</u>があります。

日本語の勉強をします。

1. 동사의 종류

동사의 종류		설 명
1그룹 동사 (5단 동사)		(1) 끝이 る로 끝나지 않는 모든 동사 例 : のむ, いく, はなす등 (2) る앞이 あ단,う단,お단으로 끝나는 경우 例 : のる, うる등 (3) 예외 1그룹 동사 例 : かえる, はいる, しる등
2그룹 동사 (상/하 1단 동사)		(1) る앞이 い단으로 끝나는 경우 例 : みる, おきる등 (2) る앞이 え단으로 끝나는 경우 例 : たべる, ねる등
3그룹 동사	カ변격동사	くる(오다)
	サ변격동사	する(하다)

2. 동사의 ます형

동사의 종류		ます형
1그룹 동사		い단 + ます
2그룹 동사		る를 빼고 ます
3그룹 동사	くる	きます(옵니다)
	する	します(합니다)

단어연습

^た食べる 먹다		^み見る 보다	
^{はな}話す 이야기하다		^お起きる 일어나다	
^の飲む 마시다		^ね寝る 자다	
^{つく}作る 만들다		^き聞く 듣다	
^い行く 가다		^ま待つ 기다리다	

▌동사의 종류

의미	원형	동사의 종류
팔다	売(う)る	1
보다	見(み)る	2
기다리다	待(ま)つ	1
자다	寝(ね)る	2
돌아가다	帰(かえ)る	1
죽다	死(し)ぬ	1
읽다	読(よ)む	1
먹다	食(た)べる	2
놀다	遊(あそ)ぶ	1
쓰다	書(か)く	1
서두르다	急(いそ)ぐ	1
이야기하다	話(はな)す	1
오다	くる	3
하다	する	3

▌동사의 종류

동사의 종류	설　명
1그룹 동사	(1) 어미가 る로 끝나지 않는 모든 동사 　　예> のむ、いく、はなす등 (2) 어미가 る로 끝나고 る앞이 あ단, う단, お단으로 　　끝나는 경우 　　예> のる、うる등 (3) 예외 1그룹 동사 　　예> かえる、はいる、しる등
2그룹 동사	(1) 어미가 る로 끝나고 る앞이 い단으로 끝나는 경우 　　예> みる、おきる등 (2) 어미가 る로 끝나고 る앞이 え단으로 끝나는 경우 　　예> たべる、ねる등
3그룹 동사	くる(오다) する(하다)

▌동사의 ます형

동사의 종류		ます형
1그룹 동사		い단 + ます
2그룹 동사		る를 빼고 ます
3그룹 동사	くる	きます(옵니다)
	する	します(합니다)

▌동사의 종류

의미	원형	동사의 ます형
팔다	売(う)る	売(う)ります
보다	見(み)る	見(み)ます
기다리다	待(ま)つ	待(ま)ちます
자다	寝(ね)る	寝(ね)ます
돌아가다	帰(かえ)る	帰(かえ)ります
죽다	死(し)ぬ	死(し)にます
읽다	読(よ)む	読(よ)みます
먹다	食(た)べる	食(た)べます
놀다	遊(あそ)ぶ	遊(あそ)びます
쓰다	書(か)く	書(か)きます
서두르다	急(いそ)ぐ	急(いそ)ぎます
이야기하다	話(はな)す	話(はな)します
오다	くる	きます
하다	する	します

▌동사 연습

지금부터 무엇을 합니까?
今(いま)から何(なに)をしますか。
밥을 먹습니다.
ご飯(はん)を食(た)べます。
공부합니다.
勉強(べんきょう)します。
커피를 마십니다.
コーヒーを飲(の)みます。
영화를 봅니다.
映画(えいが)を見(み)ます。

▌월 연습

1月	2月	3月	4月
いちがつ	にがつ	さんがつ	しがつ
5月	6月	7月	8月
ごがつ	ろくがつ	しちがつ	はちがつ
9月	10月	11月	12月
くがつ	じゅうがつ	じゅういちがつ	じゅうにがつ

▌일 연습

1日	2日	3日	4日	5日
ついたち	ふつか	みっか	よっか	いつか
6日	7日	8日	9日	10日
むいか	なのか	ようか	ここのか	とおか
11日	12日	13日	14日	15日
じゅういちにち	じゅうににち	じゅうさんにち	じゅうよっか	じゅうごにち

▌일 연습

16日	17日	18日	19日	20日
じゅうろくにち	じゅうしちにち	じゅうはちにち	じゅうくにち	はつか
21日	22日	23日	24日	25日
にじゅういちにち	にじゅうににち	にじゅうさんにち	にじゅうよっか	にじゅうごにち
26日	27日	28日	29日	30日
にじゅうろくにち	にじゅうしちにち	にじゅうはちにち	にじゅうくにち	さんじゅうにち
31日	★今日（きょう）は何月（なんがつ）何日（なんにち）ですか。			
さんじゅういちにち	*예외의 경우는 日（にち）의 발음을 하지 않는다.			

▌회화 배워보기

今日（きょう）は何月（なんがつ）何日（なんにち）ですか。	오늘은 몇 월 며칠입니까?
＿＿＿です。	_월_일입니다.
昨日（きのう）は何月（なんがつ）何日（なんにち）でしたか。	어제는 몇 월 며칠이었습니까?
＿＿＿でした。	_월_일이었습니다.
お誕生日（たんじょうび）は いつですか。	생일은 언제입니까?
＿＿＿です。	_월_일입니다.

과제

1. 동사의 종류를 구분하고, ます형으로 바꿔 봅시다.

의미	원형	동사의 종류	동사의 ます형
팔다	売(う)る		
보다	見(み)る		
기다리다	待(ま)つ		
자다	寝(ね)る		
돌아가다	帰(かえ)る		
죽다	死(し)ぬ		
읽다	読(よ)む		
먹다	食(た)べる		
놀다	遊(あそ)ぶ		
쓰다	書(か)く		
서두르다	急(いそ)ぐ		
이야기하다	話(はな)す		
오다	くる		
하다	する		

2. 다음 문장을 일본어로 바꿔 봅시다.

(1) 지금부터 무엇을 합니까?

   ▶ ________________________________

(2) 밥을 먹습니다.

   ▶ ________________________________

(3) 공부합니다.

   ▶ ________________________________

(4) 커피를 마십니다.

➡ ____

(5) 영화를 봅니다.

➡ ____

(6) 오늘은 몇 월 며칠입니까?

➡ ____

(7) 오늘은 4월 29일 입니다.

➡ ____

(8) 어제는 몇 월 며칠이었습니까?

➡ ____

(9) 어제는 9월 20일이었습니다.

➡ ____

3. 다음 문장을 일본어로 바꿔 봅시다.

(1) 14 ➡ ____

(2) 33 ➡ ____

(3) 58 ➡ ____

(4) 419 ➡ ____

(5) 1225 ➡ ____

(6) 319 ➡ ____

(7) 827 ➡ ____

(8) 64 ➡ ____

(9) 105 ➡ ____

(10) 1110 ➡ ____

훈독	음독
<u>さき</u>	せん

♥ 순서에 맞게 쓰며 연습해봅시다~

先	先	先	先	先	先	先	先	先	先	先	先	先

☆ 써봅시다 ☆

先 さき				

先生 せんせい				

先輩 せんぱい				

先週 せんしゅう				

☆ 읽어 봅시다 ☆

<u>先週</u>の金曜日に会いました。　　<u>先輩</u>とお酒を飲みました。

お<u>先</u>に失礼します。

10과

何時(なんじ)に起(お)きましたか。

오늘의 문법

1. 동사의 종류

동사의 종류	설 명
1그룹 동사 (5단 동사)	(1) 끝이 る로 끝나지 않는 모든 동사 例 : のむ, いく, はなす등 (2) る앞이 あ단,う단,お단으로 끝나는 경우 例 : のる, うる등 (3) 예외 1그룹 동사 例 : かえる, はいる, しる등
2그룹 동사 (상/하 1단 동사)	(1) る앞이 い단으로 끝나는 경우 例 : みる, おきる등 (2) る앞이 え단으로 끝나는 경우 例 : たべる, ねる등

3그룹 동사	カ변격동사	くる(오다)
	サ변격동사	する(하다)

2. 동사의 ます형

동사의 종류		ます형
1그룹 동사		い단 + ます
2그룹 동사		る를 빼고 ます
3그룹 동사	くる	きます(옵니다)
	する	します(합니다)

▌동사의 종류

동사의 종류	설　명
1그룹 동사	(1) 어미가 る로 끝나지 않는 모든 동사 　　예> のむ、いく、はなす등 (2) 어미가 る로 끝나고 る앞이 あ단, う단, お단으로 　　끝나는 경우 　　예> のる、うる등 (3) 예외 1그룹 동사 　　예> かえる、はいる、しる등
2그룹 동사	(1) 어미가 る로 끝나고 る앞이 い단으로 끝나는 경우 　　예> みる、おきる등 (2) 어미가 る로 끝나고 る앞이 え단으로 끝나는 경우 　　예> たべる、ねる등
3그룹 동사	くる (오다)
	する (하다)

▌동사의 ます형

동사의 종류		ます형
1그룹 동사		い단 + ます
2그룹 동사		る를 빼고 ます
3그룹 동사	くる	きます (옵니다)
	する	します (합니다)

▌동사의 ます형 연습

의미	원형	종류	ます형
읽다	読(よ)む	1	読(よ)みます
먹다	食(た)べる	2	食(た)べます
놀다	遊(あそ)ぶ	1	遊(あそ)びます
쓰다	書(か)く	1	書(か)きます
돌아가다	帰(かえ)る	1	帰(かえ)ります
이야기하다	話(はな)す	1	話(はな)します
오다	来(く)る	3	来(き)ます
하다	する	3	します
일어나다	起(お)きる	2	起(お)きます
쉬다	休(やす)む	1	休(やす)みます
가다	行(い)く	1	行(い)きます
마시다	飲(の)む	1	飲(の)みます
노래하다	歌(うた)う	1	歌(うた)います
듣다/묻다	聞(き)く	1	聞(き)きます

▍동사 연습

(1) 무엇을 먹습니까? (何(なに)/무엇)	何(なに)を食(た)べますか。
빵을 먹습니다. (パン/빵)	パンを食(た)べます。
(2) 무엇을 마십니까?	何(なに)を飲(の)みますか。
콜라를 마십니다. (コーラ/콜라)	コーラを飲(の)みます。
(3) 무엇을 읽습니까?	何(なに)を読(よ)みますか。
책을 읽습니다.	本(ほん)を読(よ)みます。
(4) 무엇을 듣습니까?	何(なに)を聞(き)きますか。
음악을 듣습니다. (音楽(おんがく)/음악)	音楽(おんがく)を聞(き)きます。
(5) 몇 시에 일어납니까?	何時(なんじ)に起(お)きますか。
8시에 일어납니다.	8時(はちじ)に起(お)きます。

▍예외 1그룹 동사

예외 1그룹 동사	의미	ます형
帰(かえ)る	돌아가다	帰(かえ)ります
入(はい)る	들어가다	入(はい)ります
走(はし)る	달리다	走(はし)ります
要(い)る	필요하다	要(い)ります
知(し)る	알다	知(し)ります
切(き)る	자르다	切(き)ります
減(へ)る	줄다, 감소하다	減(へ)ります
滑(すべ)る	미끄러지다	滑(すべ)ります

▍시제

昨日(きのう)	어제	今日(きょう)	오늘	明日(あした)	내일
先週(せんしゅう)	지난주	今週(こんしゅう)	이번 주	来週(らいしゅう)	다음주
先月(せんげつ)	지난달	今月(こんげつ)	이번 달	来月(らいげつ)	다음달
去年(きょねん)	작년	今年(ことし)	금년 올해	来年(らいねん)	내년

▌명사, な형용사의 정중체

명사	정중체
현재	～です
부정	～ではありません ＝ ～じゃありません
과거	～でした
과거부정	～ではありませんでした ～じゃありませんでした

▌명사, な형용사의 정중체

명사	정중체
현재	先生です。
부정	先生ではありません。 先生じゃありません。
과거	先生でした。
과거부정	先生ではありませんでした。 先生じゃありませんでした。

な형용사	정중체
현재	きれいです。
부정	きれいではありません。 きれいじゃありません。
과거	きれいでした。
과거부정	きれいではありませんでした。 きれいじゃありませんでした。

▌い형용사의 정중체

형용사	정중체
현재	～です
부정	い를 빼고 くありません い를 빼고 くないです
과거	い를 빼고 かったです
과거부정	い를 빼고 くありませんでした い를 빼고 くなかったです

▎い형용사의 정중체

형용사	정중체
현재	おいしいです。
부정	おいしくありません。 おいしくないです。
과거	おいしかったです。
과거부정	おいしくありませんでした。 おいしくなかったです。

형용사	정중체
현재	高(たか)いです。
부정	高(たか)くありません。 高(たか)くないです。
과거	高(たか)かったです。
과거부정	高(たか)くありませんでした。 高(たか)くなかったです。

▎동사의 정중체

시제	정중체	의미
현재	~ます	~ㅂ니다.
부정	~ません	~지 않습니다.
과거	~ました	~ㅆ습니다.
과거부정	~ませんでした	~지 않았습니다.

▎동사의 정중체

시제	飲(の)む	乗(の)る
현재	飲(の)みます。	乗(の)ります。
부정	飲(の)みません。	乗(の)りません
과거	飲(の)みました。	乗(の)りました。
과거부정	飲(の)みませんでした。	乗(の)りませんでした。

▌숙어 연습

숙어	의미
新聞(しんぶん)を読(よ)む	신문을 보다
映画(えいが)を見(み)る テレビを見(み)る	영화를 보다 텔레비전을 보다
コーヒーを飲(の)む お酒(さけ)を飲(の)む	커피를 마시다 술을 마시다
ご飯(はん)を食(た)べる 朝御飯(あさごはん) 昼御飯(ひるごはん) 晩御飯(ばんごはん)	밥을 먹다 아침 점심 저녁
仕事(しごと)をする 勉強(べんきょう)する	일을 하다 공부하다
友(とも)だちと話(はな)す	친구와 이야기하다
たばこ(タバコ)を吸(す)う	담배를 피우다
友(とも)だちに会(あ)う	친구를 만나다

▌회화 배워보기

ケータイ持(も)って(い)ますか。	휴대폰 있습니까?
はい、持(も)って(い)ます。	예, 있습니다.
いいえ、持(も)って(い)ません。	아니오, 없습니다.
番号(ばんごう)は何番(なんばん)ですか。	번호는 몇 번입니까?

0 1 0 - 8 4 3 2 - 4 5 6 9 です。 ゼロいちゼロ　の　はちよんさんに　の　よんごろくきゅう

＊ 주의해야 할 번호

0/ゼロ	4/よん	7/なな	9/きゅう

과제

1. 빈칸을 채워 봅시다.

의미	원형	ます	ません	ました	ませんでした
사다	買(か)う	買(か)います	買(か)いません	買(か)いました	買(か)いませんでした
보다	見(み)る	見(み)ます			
기다리다	待(ま)つ	待(ま)ちます			
자다	寝(ね)る	寝(ね)ます			
돌아가다	帰(かえ)る	帰(かえ)ります			
죽다	死(し)ぬ	死(し)にます			
읽다	読(よ)む	読(よ)みます			
먹다	食(た)べる	食(た)べます			
놀다	遊(あそ)ぶ	遊(あそ)びます			
쓰다	書(か)く	書(か)きます			
서두르다	急(いそ)ぐ	急(いそ)ぎます			
이야기하다	話(はな)す	話(はな)します			
오다	くる	きます			
하다	する	します			

2. 다음 문장을 일본어로 바꿔 봅시다.

(1) 무엇을 먹습니까? (何(なに)/무엇)

  ▶ ____

빵을 먹습니다. (パン/빵)

  ▶ ____

(2) 무엇을 마십니까?

　　➡ ____

콜라를 마십니다.　　　　　　　　　　　　　　　　　　(コーラ/콜라)

　　➡ ____

(3) 무엇을 읽습니까?

　　➡ ____

책을 읽습니다.

　　➡ ____

(4) 무엇을 듣습니까?

　　➡ ____

음악을 듣습니다.　　　　　　　　　　　　　　　(音楽(おんがく)/음악)

　　➡ ____

(5) 몇 시에 일어납니까?

　　➡ ____

8시에 일어납니다.

　　➡ ____

3. 다음 문장을 일본어로 바꿔 봅시다.

(1) 어제는 무엇을 했습니까?　　　　　　　　　　　　　　(何(なに)/무엇)

　　➡ ____

친구를 만났습니다.

　　➡ ____

(2) 어제는 일요일이었습니까?

　　➡ ____

어제는 목요일이었습니다.

　　➡ ____

(3) 어제 영화 어땠습니까?　　　　　　　　　　　(映画(えいが)/영화)

　　➡ ____

매우 재미있었습니다.

　　➡ ____

(4) 어제 피자 어땠습니까?　　　　　　　　　　　(ピザ/피자)

　　➡ ____

조금 비쌌습니다.

　　➡ ____

(5) 어제 몇 시에 일어났습니까?

　　➡ ____

8시에 일어났습니다.

　　➡ ____

봄 춘

훈독	음독
<u>はる</u>	しゅん

春 春 春 春 春 春 春 春 春 春 春 春

春 はる					
春分 しゅんぶん					
青春 せいしゅん					
春休み はるやすみ					

春は暖かいです。　　春休みはいつからいつまでですか。

私は春が好きです。　　桜がすきですから。

11과

図書館に行きましょう。

오늘의 문법

활용	의미	예문
~ませんか	~지 않겠습니까?	行きませんか。 (가지 않겠습니까?)
~ましょう	~합시다	行きましょう。(갑시다)
~ましょうか	~할까요?	行きましょうか。(갈까요?)
~たい	~하고 싶다	食べたいです。 (먹고 싶습니다.)
~に	~하러	食べに行きます。 (먹으러 갑니다.)
~ながら	~하면서	ご飯を食べながらテレビを見る。 (밥을 먹으면서 텔레비전을 보다)
~方	~하는 방법	作り方(만드는 방법)
~すぎる	너무~ 하다	昨日は食べすぎました。 (어제는 과식했습니다.)
~やすい	~하기 쉽다	飲みやすい。(마시기 쉽다)
~にくい	~하기 어렵다	飲みにくい。(마시기 어렵다)
~なさい	~하시오	読みなさい。(읽으시오)

단어연습

ご飯を食べましょう

いっぱい飲みませんか

映画を見に行きます

ゆっくり休みたいです

たばこを吸いながら

音楽を聞きましょうか

使い方

書きやすい

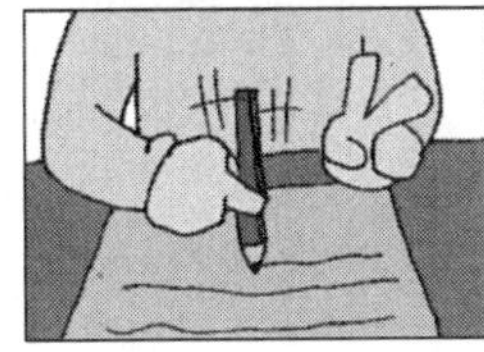

書きにくい

待ちなさい

▌동사의 **ます**형 문형 연습

公園(こうえん)に<u>行(い)</u>きましょう。
공원에 갑시다.
ビールを<u>飲(の)</u>みましょうか。
맥주를 마실까요?
<u>少(すこ)</u>し<u>歩(ある)</u>きませんか。
조금 걷지 않으시겠습니까?
映画館(えいがかん)に映画(えいが)を<u>見(み)</u>に<u>行(い)</u>きます。
영화관에 영화를 보러 갑니다.
図書館(としょかん)に本(ほん)を<u>借(か)</u>りに<u>来(き)</u>ました。
도서관에 책을 빌리러 왔습니다.
何(なに)が<u>飲(の)</u>みたいですか。
무엇을 마시고 싶습니까?
どこに<u>行(い)</u>きたいですか。
어디에 가고 싶습니까?

▌동사의 **ます**형 문형 연습

テレビを<u>見(み)</u>ながらご飯(はん)を食(た)べます。
텔레비전을 보면서 밥을 먹습니다.

お酒(さけ)を<u>飲(の)</u>みながらタバコを吸(す)います。
술을 마시면서 담배를 피웁니다.

ビデオの<u>使(つか)</u>い<u>方(かた)</u>が分(わ)かりません。
비디오 사용방법을 모릅니다.

キムチの<u>作(つく)</u>り<u>方(かた)</u>が全然(ぜんぜん)分(わ)かりません。
김치 만드는 방법을 전혀 모릅니다.

▌**ます**형 문형 연습

활용	의미	예문
～ましょう	～합시다	<u>行(い)</u>きましょう。(갑시다)
～ましょうか	～할까요?	<u>行(い)</u>きましょうか。(갈까요?)
～ませんか	～지 않겠습니까?	<u>行(い)</u>きませんか。 (가지 않겠습니까?)
～たい	～하고 싶다	<u>食(た)</u>べたいです。 (먹고 싶습니다.)
～に	～하러	<u>食(た)</u>べに<u>行(い)</u>きます。 (먹으러 갑니다.)
～ながら	～하면서	ご飯(はん)を<u>食(た)</u>べながらテレビを<u>見(み)</u>る。 (밥을 먹으면서 텔레비전을 보다)
～<u>方(かた)</u>	～하는 방법	<u>作(つく)</u>り<u>方(かた)</u> (만드는 방법)

▌동사의 **ます**형 문형 연습

공원에서 만날까요?
公園(こうえん)で**会**(あ)いましょうか。

좀 쉬지 않겠습니까?
ちょっと**休**(やす)みませんか。

함께 밥을 먹지 않겠습니까?
一緒(いっしょ)にご**飯**(はん)を**食**(た)べませんか。

제가 뭔가 만들까요?
私(わたし)が**何**(なに)か**作**(つく)りましょうか。

음악이라도 들읍시다.
音楽(おんがく)でも**聞**(き)きましょう。

커피라도 마십시다.
コーヒーでも**飲**(の)みましょう。

▌동사의 **たい**형 문형 연습

무엇을 먹고 싶습니까? 매운 것을 먹고 싶습니다.
何(なに)を**食**(た)べたいですか。**辛**(から)いものを**食**(た)べたいです。
무엇을 마시고 싶습니까?
何(なに)を**飲**(の)みたいですか。
차가운 커피를 마시고 싶습니다.
冷(つめ)たいコーヒーを**飲**(の)みたいです。
무엇을 사고 싶습니까? 새 휴대폰을 사고 싶습니다.
何(なに)を**買**(か)いたいですか。**新**(あたら)しいケータイを**買**(か)いたいです。
집에 가고 싶습니다.
家(うち)へ**帰**(かえ)りたいです。
쉬고 싶습니다. 자고 싶습니다.
休(やす)みたいです。**寝**(ね)たいです。
아무것도 먹고 싶지 않습니다.
何(なに)も**食**(た)べたくありません。

▌동사 정중체 연습

의미	원형	ます	-たいです	-ながら
사다	**買**(か)う	**買**(か)います	**買**(か)いたいです	**買**(か)いながら
보다	**見**(み)る	**見**(み)ます		
기다리다	**待**(ま)つ	**待**(ま)ちます		
자다	**寝**(ね)る	**寝**(ね)ます		
돌아가다	**帰**(かえ)る	**帰**(かえ)ります		
죽다	**死**(し)ぬ	**死**(し)にます		
읽다	**読**(よ)む	**読**(よ)みます		
먹다	**食**(た)べる	**食**(た)べます		
놀다	**遊**(あそ)ぶ	**遊**(あそ)びます		
쓰다	**書**(か)く	**書**(か)きます		
서두르다	**急**(いそ)ぐ	**急**(いそ)ぎます		
이야기하다	**話**(はな)す	**話**(はな)します		
오다	くる	きます		
하다	する	します		

▌ 위치표현 연습

위	上(うえ)	앞	前(まえ)	왼쪽	左(ひだり)	맞은편	向(むこ)う	옆	横(よこ)
안.속	中(なか)	뒤	後(うし)ろ	오른쪽	右(みぎ)	사이	間(あいだ)	옆	隣(となり)
아래	下(した)							옆	そば

▌ 위치표현 연습

机(つくえ)の上(うえ)に何(なに)がありますか。
책상위에 무엇이 있습니까?
本(ほん)とノートがあります。
책과 노트가 있습니다.
鞄(かばん)の中(なか)に何(なに)がありますか。
가방 속에 무엇이 있습니까?
銀行(ぎんこう)のとなりにデパートがあります。
은행 옆에 백화점이 있습니다.
車(くるま)の前(まえ)に誰(だれ)がいますか。
차 앞에 누가 있습니까?

▌ 회화 배워보기

昨日(きのう)は何時(なんじ)に寝(ね)ましたか。	어제는 몇 시에 잤습니까?
夜中(よなか)の2時(にじ)に寝(ね)ました。	새벽 2시에 잤습니다.
今日(きょう)は何時(なんじ)に起(お)きましたか。	오늘은 몇 시에 일어났습니까?
7時(しちじ)に起(お)きました。	7시에 일어났습니다.
昨日(きのう)はどのぐらい寝(ね)ましたか。	
어제는 어느정도 잤습니까?	

과제

1. 다음 문장을 일본어로 바꿔 봅시다.

(1) 공원에 갑시다.

   ➡ ____

(2) 맥주를 마실까요?

   ➡ ____

(3) 조금 걷지 않으시겠습니까?

   ➡ ____

(4) 영화관에 영화를 보러 갑니다.

   ➡ ____

(5) 도서관에 책을 빌리러 왔습니다.

   ➡ ____

(6) 무엇을 마시고 싶습니까?

   ➡ ____

(7) 어디에 가고 싶습니까?

   ➡ ____

(8) 텔레비전을 보면서 밥을 먹습니다.

   ➡ ____

(9) 술을 마시면서 담배를 피웁니다.

   ➡ ____

(10) 비디오 사용방법을 모릅니다.

　　　➡ ____

(11) 김치 만드는 방법을 전혀 모릅니다.

　　　➡ ____

2. 다음 문장을 일본어로 바꿔 봅시다.

(1) 어디에서 만날까요?

　　　➡ ____

(2) 좀 쉬지 않겠습니까?

　　　➡ ____

(3) 함께 밥을 먹지 않겠습니까?　　　　　　　　　　　(一緒(いっしょ)に/함께)

　　　➡ ____

(4) 제가 뭔가 만들까요?

　　　➡ ____

(5) 음악이라도 들을까요?

　　　➡ ____

(6) 커피라도 마실까요?

　　　➡ ____

3. 동사의 たい형 문형 연습 과제

(1) 무엇을 먹고 싶습니까? 매운 것을 먹고 싶습니다.

　　　➡ ____

(2) 무엇을 마시고 싶습니까?

    ➡ ______________________________

(3) 차가운 커피를 마시고 싶습니다.

    ➡ ______________________________

(4) 무엇을 사고 싶습니까? 새 휴대폰을 사고 싶습니다.

    ➡ ______________________________

(5) 집에 가고 싶습니다.

    ➡ ______________________________

(6) 쉬고 싶습니다. 자고 싶습니다.

    ➡ ______________________________

(7) 아무것도 먹고 싶지 않습니다.

    ➡ ______________________________

(8) 마시고 싶지 않습니다.

    ➡ ______________________________

4. 빈칸을 채워 봅시다.

의미	원형	ます	～たいです	～ながら
사다	買(か)う	買(か)います	買(か)いたいです	買(か)いながら
보다	見(み)る	見(み)ます		
기다리다	待(ま)つ	待(ま)ちます		
자다	寝(ね)る	寝(ね)ます		
돌아가다	帰(かえ)る	帰(かえ)ります		
죽다	死(し)ぬ	死(し)にます		

읽다	読(よ)む	読(よ)みます		
먹다	食(た)べる	食(た)べます		
놀다	遊(あそ)ぶ	遊(あそ)びます		
쓰다	書(か)く	書(か)きます		
서두르다	急(いそ)ぐ	急(いそ)ぎます		
이야기하다	話(はな)す	話(はな)します		
오다	くる	きます		
하다	する	します		

5. 다음 문장을 일본어로 바꿔 봅시다.

(1) 책상 위에 무엇이 있습니까?

➡ ____

(2) 책과 노트가 있습니다.

➡ ____

(3) 가방 속에 무엇이 있습니까?

➡ ____

(4) 은행 옆에 백화점이 있습니다.

➡ ____

(5) 차 앞에 누가 있습니까?

➡ ____

훈독	음독
<u>なつ</u>	かげ

♥ 순서에 맞게 쓰며 연습해봅시다~

夏	夏	夏	夏	夏	夏	夏	夏	夏	夏	夏	夏	夏

☆ 써봅시다 ☆

夏				
なつ				

夏期				
かき				

夏休み				
なつやすみ				

真夏				
まなつ				

☆ 읽어 봅시다 ☆

去年(きょねん)の夏(なつ)はとても暑(あつ)かったです。

夏休(なつやす)みは長(なが)いですが、春休(はるやす)みは短(みじか)いです。

12과

교실은 静かできれいです。

오늘의 문법

1. て형

품사	て形
명사	명사 + ~で
な형용사	~だ ⇒ ~で
い형용사	~い ⇒ ~くて (예외:いい⇒よくて)

2. て형 연습

기본형	의미	て형	의미
先生	선생님	先生で	선생님이고
休み	휴일, 휴가	休みで	휴일이고
きれいだ	예쁘다, 깨끗하다	きれいで	예쁘고, 깨끗하고
上手だ	잘하다, 능숙하다	上手で	잘하고, 능숙하고
有名だ	유명하다	有名で	유명하고
真面目だ	성실하다	真面目で	성실하고
好きだ	좋아하다	好きで	좋아하고

▌て형 문형 연습

품사	～て (-하고, 이고, 해서)		
명사	명사 + ～で		
な형용사	～だ ⇒ ～で		
형용사	～い ⇒ ～くて (예외:いい→よくて)		

기본형	의미	て형	의미
先生(せんせい)	선생님	先生(せんせい)で	선생님이고
休(やす)み	휴일, 휴가	休(やす)みで	휴일이고
きれいだ	예쁘다 깨끗하다	きれいで	예쁘고 깨끗하고
上手(じょうず)だ	잘하다 능숙하다	上手(じょうず)で	잘하고 능숙하고
有名(ゆうめい)だ	유명하다	有名(ゆうめい)で	유명하고
真面目(まじめ)だ	성실하다	真面目(まじめ)で	성실하고
好(す)きだ	좋아하다	好(す)きで	좋아하고

▌て형 문형 연습

품사	～て (-하고, 이고, 해서)		
명사	명사 + ～で		
な형용사	～だ ⇒ ～で		
형용사	～い ⇒ ～くて (예외:いい→よくて)		

기본형	의미	て형	의미
高(たか)い	비싸다	高(たか)くて	비싸고
おいしい	맛있다	おいしくて	맛있고
暑(あつ)い	덥다	暑(あつ)くて	덥고
難(むずか)しい	어렵다	難(むずか)しくて	어렵고
いい/よい	좋다	よくて	좋고
新(あたら)しい	새롭다	新(あたら)しくて	새롭고

▌て형 문형 연습

이 레스토랑은 맛있고 쌉니다.　싸고 맛있습니다.
このレストランはおいしくて、安(やす)いです。　安(やす)くて、おいしいです。
다나카씨는 유명하고 친절합니다.
田中(たなか)さんは有名(ゆうめい)で、親切(しんせつ)です。
친절하고 유명합니다.
親切(しんせつ)で有名(ゆうめい)です。
이 방은 좁고 덥습니다. 덥고 좁습니다.
この部屋(へや)は狭(せま)くて暑(あつ)いです。　暑(あつ)くて狭(せま)いです。
야마다씨는 머리가 좋고 성실합니다.
山田(やまだ)さんは頭(あたま)がよくて、真面目(まじめ)です。
성실하고 머리가 좋습니다.
真面目(まじめ)で、頭(あたま)がいいです。

┃ て형 연습

교실은 조용합니다. 교실은 깨끗합니다.
教室(きょうしつ)は静(しず)かです。教室(きょうしつ)はきれいです。
교실은 조용하고 깨끗합니다.

다나카씨는 바나나도 좋아합니다. 다나카씨는 귤도 좋아합니다.
田中(たなか)さんはバナナもすきです。　田中(たなか)さんはみかんも好(す)きです。
다나카씨는 바나나도 좋아하고 귤도 좋아합니다.

서울은 교통이 편리합니다. 서울은 번화합니다.
ソウルは交通(こうつう)が便利(べんり)です。　ソウルは賑(にぎ)やかです。
서울은 교통이 편리하고 번화합니다.

서울은 넓습니다. 서울은 깨끗합니다.
ソウルは広(ひろ)いです。ソウルはきれいです。
서울은 넓고 깨끗합니다.

┃ 동사의 て형

동사의 종류		설명
1그룹 동사		う, つ, る ⇒ って ぬ, ぶ, む ⇒ んで く ⇒ いて, ぐ ⇒ いで す ⇒ して ★예외 行(い)く ⇒ 行(い)って
2그룹 동사		る를 떼고 て
3그룹 동사	来(く)る(오다)	来(き)て
	する(하다)	して

┃ 동사의 て형

의미	원형	동사의 て형
사다	**買(か)う**	買(か)って
보다	**見(み)る**	見(み)て
기다리다	**待(ま)つ**	待(ま)って
자다	**寝(ね)る**	寝(ね)て
돌아가다	**帰(かえ)る**	帰(かえ)って
죽다	**死(し)ぬ**	死(し)んで
읽다	**読(よ)む**	読(よ)んで
먹다	**食(た)べる**	食(た)べて
놀다	**遊(あそ)ぶ**	遊(あそ)んで
쓰다	**書(か)く**	書(か)いて
서두르다	**急(いそ)ぐ**	急(いそ)いで
이야기하다	**話(はな)す**	話(はな)して
오다	くる	きて
하다	する	して

▎~ています

~ています / ~하고 있습니다. (진행)

朝御飯(あさごはん)を食(た)べています。

아침을 먹고 있습니다.

コーヒーを飲(の)んでいます。

커피를 마시고 있습니다.

手紙(てがみ)を書(か)いています。

편지를 쓰고 있습니다.

新聞(しんぶん)を読(よ)んでいます。

신문을 읽고 있습니다.

友(とも)だちに会(あ)っています。

친구를 만나고 있습니다.

▎~てください

~てください / ~해 주세요.

ここで待(ま)ってください。

여기에서 기다려 주세요.

名前(なまえ)を書(か)いてください。

이름을 써 주세요.

学校(がっこう)へ行(い)ってください。

학교에 가 주세요.

バスに乗(の)ってください。

버스를 타 주세요.

ゆっくり休(やす)んでください。

푹 쉬세요.

▎회화 배워보기

山田(やまだ)さんはお父(とう)さんに似(に)ていますか。 / 山田(やまだ)さんはお母(かあ)さんに似(に)ていますか。	
야마다씨는 아버지를 닮았습니까? / 야마다씨는 어머니를 닮았습니까?	
父(ちち)に似(に)ています。	아빠를 닮았습니다.
父(ちち)似(に)です。	아버지 닮았어요.
どっちにも似(に)ていません。	어느 쪽도 안 닮았어요

과제

1. て형 문형연습 과제

기본형	의미	て형	의미
きれいだ	예쁘다 깨끗하다		예쁘고 깨끗하고
上手(じょうず)だ	잘하다 능숙하다		잘하고 능숙하고
有名(ゆうめい)だ	유명하다		유명하고
先生(せんせい)	선생님		선생님이고
休(やす)み	휴일,휴가		휴일이고
真面目(まじめ)だ	성실하다		성실하고
好(す)きだ	좋아하다		좋아하고

2. て형 문형연습 과제

기본형	의미	て형	의미
高(たか)い	비싸다		비싸고
おいしい	맛있다		맛있고
暑(あつ)い	덥다		덥고
難(むずか)しい	어렵다		어렵고
いい	좋다		좋고
新(あたら)しい	새롭다		새롭고

3. 다음 문장을 일본어로 바꿔 봅시다.

(1) 이 레스토랑은 맛있고 쌉니다. 싸고 맛있습니다.

➡ ____

(2) 다나카씨는 유명하고 친절합니다.

    ➡ ____

(3) 친절하고 유명합니다.

    ➡ ____

(4) 이 방은 좁고 덥습니다. 덥고 좁습니다.

    ➡ ____

(5) 야마다씨는 머리가 좋고 성실합니다.

    ➡ ____

(6) 성실하고 머리가 좋습니다.

    ➡ ____

4. 동사의 て형 과제

의미	동사	그룹	て형
만나다	会(あ)う		
자다	寝(ね)る		
돌아가다	帰(かえ)る		
타다	乗(の)る		
읽다	読(よ)む		
먹다	食(た)べる		
놀다	遊(あそ)ぶ		
쓰다	書(か)く		
서두르다	急(いそ)ぐ		
이야기하다	話(はな)す		
오다	来(く)る		
하다	する		
일어나다	起(お)きる		

5. 다음 문장을 일본어로 바꿔 봅시다.

(1) 아침을 먹고 있습니다.

　▶ ____

(2) 커피를 마시고 있습니다.

　▶ ____

(3) 편지를 쓰고 있습니다.

　▶ ____

(4) 신문을 읽고 있습니다.

　▶ ____

(5) 친구를 만나고 있습니다.

　▶ ____

(6) 여기에서 기다려 주세요.

　▶ ____

(7) 이름을 써 주세요.

　▶ ____

(8) 학교에 가 주세요.

　▶ ____

(9) 버스를 타 주세요.

　▶ ____

(10) 푹 쉬세요.

　▶ ____

훈독	음독
<u>あき</u>	しゅう

♥ 순서에 맞게 쓰며 연습해봅시다~

秋	秋	秋	秋	秋	秋	秋	秋	秋	秋	秋	秋	秋

☆ 써봅시다 ☆

秋 あき					
秋分 しゅうぶん					
秋空 あきぞら					
晩秋 ばんしゅう					

☆ 읽어 봅시다 ☆

スポーツの秋です。　　秋は涼しいです。

秋は寒くありません。

13과

あした やす
明日休んでもいいですか。

오늘의 문법

1. て형

품사	て形^{けい}
명사	명사 + ~で
な형용사	~だ ⇒ ~で
い형용사	~い ⇒ ~くて (예외:いい⇒よくて)

2. て형 연습

기본형	의미	て형	의미
先生^{せんせい}	선생님	先生^{せんせい}で	선생님이고
休^{やす}み	휴일, 휴가	休^{やす}みで	휴일이고
きれいだ	예쁘다, 깨끗하다	きれいで	예쁘고, 깨끗하고
上手^{じょうず}だ	잘하다, 능숙하다	上手^{じょうず}で	잘하고, 능숙하고
有名^{ゆうめい}だ	유명하다	有名^{ゆうめい}で	유명하고
真面目^{まじめ}だ	성실하다	真面目^{まじめ}で	성실하고
好^すきだ	좋아하다	好^すきで	좋아하고

▌て형 문형연습

품사	~て (~하고, 이고, 해서)
명사	명사 + ~で
な형용사	~だ ⇒ ~で
형용사	~い ⇒ ~くて (예외: いい→よくて)

기본형	의미	て형	의미
先生(せんせい)	선생님	先生(せんせい)で	선생님이고
休(やす)み	휴일, 휴가	休(やす)みで	휴일이고
きれいだ	예쁘다 깨끗하다	きれいで	예쁘고 깨끗하고
上手(じょうず)だ	잘하다 능숙하다	上手(じょうず)で	잘하고 능숙하고
有名(ゆうめい)だ	유명하다	有名(ゆうめい)で	유명하고
真面目(まじめ)だ	성실하다	真面目(まじめ)で	성실하고
好(す)きだ	좋아하다	好(す)きで	좋아하고

▌て형 문형연습

품사	~て (~하고, 이고, 해서)
명사	명사 + ~で
な형용사	~だ ⇒ ~で
형용사	~い ⇒ ~くて (예외: いい→よくて)

기본형	의미	て형	의미
高(たか)い	비싸다	高(たか)くて	비싸고
おいしい	맛있다	おいしくて	맛있고
暑(あつ)い	덥다	暑(あつ)くて	덥고
難(むずか)しい	어렵다	難(むずか)しくて	어렵고
いい/よい	좋다	よくて	좋고
新(あたら)しい	새롭다	新(あたら)しくて	새롭고

▌동사의 て형

동사의 종류		설명
1그룹 동사		う, つ, る ⇒ って ぬ, ぶ, む ⇒ んで く ⇒ いて, ぐ ⇒ いで す ⇒ して ★예외 行(い)く ⇒ 行(い)って
2그룹 동사		る를 떼고 て
3그룹 동사	来(く)る (오다)	来(き)て
	する (하다)	して

❙ 동사의 て형

의미	동사	그룹	て형
만나다	会(あ)う	1	会(あ)って
자다	寝(ね)る	2	寝(ね)て
돌아가다	帰(かえ)る	1	帰(かえ)って
타다	乗(の)る	1	乗(の)って
읽다	読(よ)む	1	読(よ)んで
먹다	食(た)べる	2	食(た)べて
놀다	遊(あそ)ぶ	1	遊(あそ)んで
쓰다	書(か)く	1	書(か)いて
서두르다	急(いそ)ぐ	1	急(いそ)いで
이야기하다	話(はな)す	1	話(はな)して
오다	来(く)る	3	来(き)て
하다	する	3	して
일어나다	起(お)きる	2	起(お)きて

❙ て형으로 활용하는 문장

〜ています。	〜하고 있습니다.
〜てください。	〜해 주세요.
〜てから	〜하고 나서
〜てもいいです。＝〜てもかまいません。	〜해도 좋습니다. ＝ 〜해도 상관없습니다.
〜てはいけません。＝〜てはだめです。	〜해서는 안 됩니다.

❙ 〜ています / 〜てください

〜ています / 〜하고 있습니다. (진행)

朝御飯(あさごはん)を食(た)べています。

아침을 먹고 있습니다.

コーヒーを飲(の)んでいます。

커피를 마시고 있습니다.

〜てください / 〜해 주세요.

ここで待(ま)ってください。

여기에서 기다려 주세요.

お名前(なまえ)を書(か)いてください。

이름을 써 주세요.

学校(がっこう)へ行(い)ってください。

학교에 가 주세요.

I ～てもいいです / ～해도 됩니다.

～てもいいです / ～해도 괜찮습니다.

教室(きょうしつ)でたばこを吸(す)ってもいいですか。
교실에서 담배를 피워도 괜찮습니까?

すみません。ちょっと。

ここに車(くるま)を止(と)めてもいいですか。
여기에 차를 세워도 괜찮습니까?

はい、どうぞ。

明日(あした)休(やす)んでもいいですか。
내일 쉬어도 괜찮습니까?

ええ、どうぞ。

このコーヒー飲(の)んでもいいですか。
이 커피 마셔도 됩니까?

すみません。ちょっと。

I 문장연습

일본어 시험은 6시부터 7시까지 입니다.
日本語(にほんご)のテストは6時(じ)から7時(じ)までです。
4시까지는 가 주세요.
4時(よじ)までに行(い)ってください。
버스를 타고, 학교에 가서, 공부를 합니다.
バスに乗(の)って、学校(がっこう)へ行(い)って、勉強(べんきょう)をします。
커피를 마시고, 영화를 보고, 집에 갑니다.
コーヒーを飲(の)んで、映画(えいが)を見(み)て、家(うち)へ帰(かえ)ります。
밥을 먹고, 운동을 하고, 잡니다.
ご飯(はん)を食(た)べて、運動(うんどう)をして、寝(ね)ます。
7시에 일어나, 밥을 먹고, 학교에 갑니다.
7時(しちじ)に起(お)きて、ご飯(はん)を食(た)べて、学校(がっこう)に行(い)きます。
학교에 가서 공부를 하고, 친구를 만나 술을 마십니다.
**学校(がっこう)に行(い)って、勉強(べんきょう)をして、友(とも)だちに会(あ)って、
お酒(さけ)を飲(の)みます。**

I 문장연습

하나 물어봐도 됩니까?
一(ひと)つ聞(き)いてもいいですか。
도서관에서 자도 됩니까?
図書館(としょかん)で寝(ね)てもいいですか。
이제 집에 돌아가도 됩니까?
もう家(うち)へ帰(かえ)ってもいいですか。
이 컴퓨터 사용해도 됩니까?
このパソコン使(つか)ってもいいですか。
숙제를 하지 않아도 됩니까?
宿題(しゅくだい)をしなくてもいいですか。
그 창문은 열어서는 안 됩니다.
その窓(まど)は開(あ)けてはいけません。
여기에서 사진을 찍어서는 안 됩니다.
ここで写真(しゃしん)を撮(と)ってはいけません。

どうして日本語(にほんご)を勉強(べんきょう)していますか。	
왜 일본어를 공부하세요?	
日本(にほん)に留学(りゅうがく)したいからです。	일본에 유학하고 싶어서요
仕事(しごと)で必要(ひつよう)だからです。	일로 필요해서요.
趣味(しゅみ)だからです。	취미예요.
おもしろいからです。	재미있어서요.
友(とも)だちが日本人(にほんじん)だからです。	친구가 일본인이기 때문입니다.

과제

1. 다음 문장을 일본어로 바꿔 봅시다.

(1) 아침을 먹고 있습니다.

➡ ______________________________

(2) 커피를 마시고 있습니다.

➡ ______________________________

(3) 여기에서 기다려 주세요.

➡ ______________________________

(4) 이름을 써 주세요.

➡ ______________________________

(5) 학교에 가 주세요.

➡ ______________________________

(6) 교실에서 담배를 피워도 괜찮습니까?

➡ ______________________________

(7) 미안합니다만 좀….

➡ ______________________________

(8) 여기에 차를 세워도 괜찮습니까?

➡ ______________________________

(9) 예 그러세요.

➡ ______________________________

(10) 내일 쉬어도 괜찮습니까? 네 그러세요.

　➡　____

(11) 이 커피 마셔도 됩니까? 미안합니다만 좀....

　➡　____

2. 다음 문장을 일본어로 바꿔 봅시다.

(1) 술을 마시고 운전하면 안 됩니다.

　➡　____

(2) 연필로 써서는 안 됩니다.

　➡　____

(3) 문을 열어서는 안 됩니다.

　➡　____

(4) 여기에 들어가서는 안 됩니다.

　➡　____

(5) 7시까지 와 주세요.

　➡　____

(6) 4시까지 가 주세요.

　➡　____

(7) 버스를 타고, 학교에 가서, 공부를 합니다.

　➡　____

(8) 커피를 마시고, 영화를 보고, 집에 갑니다.

　➡　____

(9) 밥을 먹고, 운동을 하고, 잡니다.

　➡ ____

(10) 7시에 일어나, 밥을 먹고, 학교에 갑니다.

　➡ ____

(11) 학교에 가서 공부를 하고, 친구를 만나 술을 마십니다.

　➡ ____

3. 다음 문장을 일본어로 바꿔 봅시다.

(1) 하나 물어봐도 됩니까?

　➡ ____

(2) 도서관에서 자도 됩니까?

　➡ ____

(3) 이제 집에 돌아가도 됩니까?

　➡ ____

(4) 이 컴퓨터 사용해도 됩니까?

　➡ ____

(5) 숙제를 하지 않아도 됩니까?

　➡ ____

(6) 그 창문은 열어서는 안 됩니다.

　➡ ____

(7) 여기에서 사진을 찍어서는 안 됩니다.

　➡ ____

훈독	음독
<u>ふゆ</u>	とう

♥ 순서에 맞게 쓰며 연습해봅시다~

冬	冬	冬	冬	冬	冬	冬	冬	冬	冬	冬	冬	冬

☆ 써봅시다 ☆

冬 ふゆ					

冬眠 とうみん					

冬季 とうき					

冬休み ふゆやすみ					

☆ 읽어 봅시다 ☆

私は<u>冬</u>が好きです。雪が好きだからです。

<u>冬休み</u>に日本へ行くつもりです。

저자약력

마경옥(馬京玉)

니쇼각샤(二松学舍)대학 대학원 졸업. (문학박사/일본근현대문학 전공).
한국일본근대문학회 회장 역임.
현, 극동대학교 일본어학과 교수, 극동대학교 아레테교양대 학장, 극동대학교 교무연구처장.

저역서, 『역사로 풀어보는 일본』, 『일본근현대문학과 연애』, 『일본근현대문학과 전쟁』,
　　『오사카 재일조선인 시지 진달래 · 가리온』(1-5권) 등.

유미선(劉美善)

동국대학교 대학원 졸업. (문학박사/일본근현대문학 전공).
현, 극동대학교 일본어학과 초빙교수.

역서, 『신과 인간사이』, 『다니자키 준이치로 단편집』, 『春琴抄』, 『오사카 재일조선인 시지
　　진달래·가리온』(1-5권) 등.

대학 일본어
문형으로 배우는 일본어

초 판 인 쇄	2017년 08월 21일
초 판 발 행	2017년 08월 28일

저　　　자	마경옥·유미선
발 행 인	윤석현
발 행 처	제이앤씨
책 임 편 집	최인노
등 록 번 호	제7-220호

우 편 주 소	서울시 도봉구 우이천로 353 성주빌딩 3층
대 표 전 화	02) 992 / 3253
전　　　송	02) 991 / 1285
홈 페 이 지	http://jncbms.co.kr
전 자 우 편	jncbook@hanmail.net

ⓒ 마경옥·유미선, 2017. Printed in KOREA

ISBN 979-11-5917-075-1　　13730　　　　　　　　　　정가 12,000원

* 이 책의 내용을 사전 허가 없이 전재하거나 복제할 경우 법적인 제재를 받게 됨을 알려드립니다.
** 잘못된 책은 구입하신 서점이나 본사에서 교환해 드립니다.